Tino Berlin · Matthias Kehle

Ohne Geld durch Schwaben

ZWEI BADENER TESTEN DIE WÜRTTEMBERGER

Silberburg-Verlag

Tino Berlin wurde 1962 geboren und wuchs in Karlsruhe auf. Der Autor veröffentlichte unter verschiedenen Pseudonymen zahlreiche Reportagen, Features und Hörspiele, sowie mehr als 25 Kinder- und Jugendbücher, die in 10 Sprachen übersetzt wurden. Ausgedehnte Lesereisen führen ihn durch ganz Deutschland und das deutschsprachige Ausland. Tino Berlin lebt mit seiner Familie in Ettlingen.

Matthias Kehle, geboren 1967, lebt als freier Journalist und Schriftsteller in Karlsruhe. Er hat zahlreiche Gedicht- und Erzählbände sowie Sachbücher veröffentlicht, zuletzt 2014 im Silberburg-Verlag die »Badische Bergbibel«. Für seine Lyrik erhielt er u. a. den Thaddäus-Troll-Preis.

Bildnachweis: Tino Berlin: 9, 13, 15, 20, 26, 29, 30, 37, 38, 41, 42, 50, 57, 58, 81, 82, 86, 89, 107, 112, 127, 133, 134, 136, 155, 156, 162, 167. – Kirsten Bohlig: S. 174. – Andrea Fabry: S. 2/3, 7. – Heiko Fischer: S. 143. – Franzfoto: S. 60. – Harke: S. 71. – Thomas Hentrich – S. 145. – Matthias Kehle: S. 6, 11, 16, 18, 24, 33, 49, 53, 74, 78, 90, 95, 96, 97, 99, 103, 104, 114, 117, 119, 120, 124, 139, 147, 160, 169, 170, 172. – Allan warren: S. 63. – Wimpfi: S. 129.

1. Auflage 2014

Umschlaggestaltung: Anette Wenzel, Tübingen,
unter Verwendung eines Fotos von Andrea Fabry.
Gestaltung und Satz: Kohler Media, Karlsruhe.
Druck: Gulde-Druck, Tübingen.
Printed in Germany.
ISBN 978-3-8425-1329-7

Besuchen Sie uns im Internet und entdecken Sie
die Vielfalt unseres Verlagsprogramms:
www.silberburg.de

INHALT

VORWORT

Vor dem Start …

Es war einmal … Es war einmal im düsteren, grauen, kalten März des Jahres 2013. Unsere beiden Helden, Matthias und Tino, hatten Fernweh und Sehnsucht nach Sonne. Und sie telefonierten miteinander. »Ach …«, sagte Tino, »lass uns doch gemeinsam eine Reise und daraus ein Buch machen. Lass uns durch Laos wandern.« »Ach …«, antwortete Matthias, »das ist viel zu weit weg und zu teuer.« Da hatte Tino eine Idee: »Dann lass uns durch Schwaben reisen, und zwar ohne Geld.« Nun geschah, was geschehen musste: Matthias nahm Tino ernst. Mehr noch! Im Laufe der Zeit sponnen unsere Helden ihre Pläne immer weiter. Ohne Geld durch eine Gegend zu reisen, das kann jeder, fanden sie. Die Schwaben sollten ihnen Wünsche erfüllen! Sie sollten die Badener regelrecht verwöhnen.

Tino wollte unbedingt auf unkonventionelle Weise reisen und an besonderen Orten übernachten. Er wollte mit einem Feuerwehrauto oder einem Mercedes fahren, in einem Schloss und in einem Römerzelt schlafen. Matthias wollte die Schwaben herausfordern. Sie sollten beweisen, dass sie mindestens genauso gut kochen können wie die Badener, sie sollten zeigen, dass sie guten Wein keltern können und nicht nur Simsekrebsler. »Und wenn wir schon bei den kulinarischen Genüssen sind«, warf Tino ein, »dann sollten wir mal testen, ob es in Württemberg Biere gibt, die mit unserer Staatsbrauerei Rothaus mithalten können.« Als unser Duo anderen von den Plänen erzählte, ernteten sie Respekt und Mitleid. Die Reaktionen reichten von: »Ihr werdet verhungern« bis »Ihr werdet auf Händen getragen und mindestens drei Kilo schwerer nach Hause kommen.«

Inzwischen hatte ein schwäbischer Verleger von der Sache Wind bekommen, der aus der Tour »Ohne Geld durch Schwaben« ein Buch machen wollte. Und weil unsere Helden den Schwaben kund taten, dass sie von zwei Badenern auf Herz, Nieren, Spätzle und Trollinger geprüft werden sollten, meldeten sich Presse, Funk und Fernsehen. Geheim bleiben konnte die Tour also nicht.

Wir dürfen gespannt sein, was aus ihrem Vorhaben wurde! Erfüllten die Schwaben ihre Wünsche? Oder erwiesen diese sich doch als geizig? Sind die Württemberger so weltoffen und großzügig wie ihre badischen Nachbarn? Und wie ist es mit dem Savoir-vivre bei den Schwaben bestellt? Sind sie genauso lebensfroh wie die Badener oder können sie nur schaffe, schaffe, Häusle baue? Was sind überhaupt die Unterschiede und Gemeinsamkeiten zwischen den beiden Stämmen? Ist es ein Bindestrich oder ein Trennstrich zwischen Baden und Württemberg?

Matthias und Tino erzählen uns nun also die Geschichte, wie sie 18 Tage durch Württemberg reisten. Als echte Badener. Mal erzählt Tino, mal Matthias ... Den Anfang macht Matthias.

VON KARLSRUHE NACH WANGEN

Zehn Minuten ohne Geld in Schwaben

Matthias Kehle

Das kann nicht gut gehen. Ohne einen Cent, ohne EC- oder Kreditkarte durch Schwaben, das ist unmöglich, bekamen wir zu hören. Badener zweifelten, Schwaben zweifelten. Nur unsere Frauen waren optimistisch. Tinos Frau prophezeite: »Ihr werdet ein Ränzlein bekommen.« Meine Gattin hingegen sorgte sich um meine Leber: »Ihr werdet tagein, tagaus Trollinger trinken müssen.«

Wir schreiben den 22. April 2014. Kurz nach neun Uhr brachen wir vom Karlsruher Hauptbahnhof auf. Ohne Geld, aber mit Fahrkarte, denn die Deutsche Bahn (»Verkehrsbetrieb Württemberg«) wollte uns nicht schwarzfahren lassen, sondern hatte uns zwei Baden-Württemberg-Tickets geschickt. »Führen Sie bitte unsere Fahrscheinprüfer nicht in Versuchung«, sagte ein humorvoller Herr am Telefon. Wir bekamen Baden-Württemberg-Tickets für fünf Personen: »Wenn Sie wollen, können Sie mit diesem Ticket noch zusätzlich drei Schwaben zum Mitreisen einladen.« Na, da hätten wir gleich am ersten Tag sparsame Schwaben glücklich machen können. Doch im Zug von Karlsruhe über Singen nach Wangen begegnete uns lediglich ein einziger Schwabe, und der hatte schon einen Fahrschein. Übrigens wollte er uns partout nicht zu einem Kaffee einladen. Aber das war noch auf badischer Gemarkung und zählte nicht als schlechtes Omen für die Reise ohne Geld durchs Land der Schwaben.

In Karlsruhe wurden wir nicht nur von unseren Familien verabschiedet, sondern auch von unserer Schriftsteller-Kollegin Eva Klingler. Sie ist als gebürtige Nordhessin Badenerin mit Leib und Seele geworden. Wir können das gut verstehen. Eva versorgte uns mit einer badischen Fahne sowie einer Tasse, die das *Badnerlied* spielte, sobald man sie anhob. Die Fahne sollte für unsere Reise noch wichtig, ja überlebenswichtig werden. Die Tasse sorgte bereits im Zug für komische Blicke seitens unserer Mitreisenden, denn sobald die Bahn in eine Kurve fuhr (und auf der Strecke der Schwarzwaldbahn gibt es viele Kurven!) ertönte aus meinem Rucksack der zackige Marsch der badischen Nationalhymne.

Ohne Geld durch Schwaben wollten wir ziehen – das ging sage und schreibe zehn Minuten gut. Wir stiegen gegen 14 Uhr aus der

Erstes Etappenziel auf der Schwabenreise: Wangen im Allgäu, hier die Fußgängerzone mit Blick auf das Ravensburger Tor.

Regionalbahn in Wangen im Allgäu. Das *Badnerlied* erklang aus den Tiefen meines Rucksacks. Bei schönstem Frühlingswetter zwitscherten Amsel, Drossel, Fink und Meise, die Osterglocken und Tulpen blühten, von Süden näherten wir uns dem Martinstor und damit dem historischen Stadtkern. Noch vor dem Tor winkte eine junge Frau, strahlte uns an, zückte den Geldbeutel und drückte uns fünf Euro in die Hand: »Geht erst mal einen Kaffee trinken!« Sie kannte unsere Geschichte und Gesichter aus der Zeitung. Tino wollte eigentlich gar keinen Kaffee, ließ sich aber von mir überzeugen. Wir stellten unsere Rucksäcke ab und hoben mit Blick aufs Rathaus und das Ravensburger Tor unsere Tassen auf die Schwaben. »Kaum zu glauben, dass wir die Tour tatsächlich machen«, stellte Tino fest. Ich hatte noch immer den schelmischen Tonfall unseres schwäbischen Verlegers im Ohr, nachdem wir den Vertrag unterzeichnet hatten: »So, jetzt *müsst* Ihr die Reise machen. Es gibt kein Zurück mehr!«

Am Ende der Kaffeepause hatten wir eine Barschaft von 1,40 Euro und waren keine Stunde auf württembergischem Boden. Da ich mir geschworen hatte, während der Reise kein Geld anzurühren, wurde Tino zum inoffiziellen badischen Finanzminister und ich zum Außenminister erkoren: »Wangen begrüßt uns mit offenen Armen!«, sagte Tino euphorisch und verstaute die Münzen in seinem Portemonnaie.

Unsere erste Nacht wollten wir im historischen Pulverturm verbringen. Nach unserer Ankunft sollten wir uns deshalb im Gästeamt einfinden. Leiterin Belinda Unger brachte uns zu unserer Schlafstatt, eine Art mittelalterlicher Hochsicherheitstrakt, denn wir brauchten vier verschiedene Schlüssel für sechs Türen. Im Pulverturm war eine kleine Wohnung eingerichtet worden, die eigentlich nicht genutzt werden durfte. Aus feuerpolizeilichen Gründen, denn es gibt keine Fluchtwege. Am Beginn unserer Reise hätten wir uns noch durch die schmalen Fenster nach außen quetschen und am Blitzableiter nach unten hangeln können. Jedenfalls ich als alter Bergsteiger. Die Wohnung bestand aus drei Etagen: unten eine kleine Küche, darüber eine kuschelige Schlafecke mit Bett, Fensterchen und Vorhang, die ich bezog. Im Zimmerchen ganz oben machte es sich Tino auf einer Matratze bequem und telefonierte erst einmal mit seiner Familie. Wir genossen eine prächtige Aussicht auf die Dächer Wangens über die Hügel des Allgäus bis zu den Bergen des Bregenzerwaldes und freuten uns auf den Schlummerwein, denn die Stadt Wangen hatte dafür gesorgt, dass wir nicht verdursteten! Es stand jedenfalls keine leere Flasche im Kühlschrank, wie das angeblich oft bei Schwaben der Fall ist, schließlich könnte ja auch mal jemand kommen, der keinen Durst hat!

Tino hat schwäbische Vorfahren!

Tinos Urgroßvater kam in Wangen zu Tode. Er stürzte von einer Kutsche und wurde überrollt. Diese Geschichte erzählt man sich in Tinos Familie, weshalb er vor Ort recherchieren wollte. Vom Urgroßvater hatte er eine Fotografie dabei, die er sorgsam hütete. Gleich nachdem wir unsere Rucksäcke im Pulverturm deponiert hatten, machten wir uns auf den Weg zu Stadtarchivar Rainer Jensch. Das Foto musste

Überraschung: Tino hat schwäbische Vorfahren, wie ihm Stadtarchivar Rainer Jensch bestätigt.

zwischen 1880 und 1900 aufgenommen sein, schätzten wir gemeinsam. Es vergingen keine zwanzig Minuten, da fand Archivar Jensch eine Todesanzeige in einem der Folianten: »Tief betrübt widmen wir hiermit die Todesnachricht, dass unser lieber Gatte und Vater, Alois Bussalb, Reisender der Kunstmühle Hiltensweiler heute Nachmittag um 1/2 12 Uhr nach längerem, durch einen unglücklichen Sturz mit dem Gefährt herbeigeführten Leiden infolge einer Herzlähmung unerwartet schnell im 52. Lebensjahr verschieden ist. Um stille Teilnahme bitten, Wangen den 27. Dezember 1895. Die trauernde Witwe, Mina Bussalb, geb. Schaber mit ihren zwei Kindern.« Drei Tage später dankte die Witwe für die Anteilnahme in der gleichen Zeitung.

Tino war sichtlich berührt, auch als Rainer Jensch mit blitzschneller Logik und etwas Glück weitere Urkunden fand. Der Urgroßvater hatte offenbar schwer verletzt noch vor seinem Tod geheiratet, die Kinder waren zuvor unehelich zur Welt gekommen. Der Handlungsreisende Alois Bussalb war außerdem einigermaßen vermögend, weshalb es wohl zur schnellen Hochzeit gekommen war.

Wieder einige Minuten später wusste Tino, dass der Vater des Urgroßvaters einen ungewöhnlichen Beruf ausgeübt hatte, nämlich »Torwart« in Mergentheim. Somit war endgültig bewiesen, dass Tino württembergische Ahnen hatte – der weitere Weg seiner Vorfahren

Der Gottesacker

Der alte Gottesacker ist heute ein Stadtpark, an dessen Rand die Rochuskapelle, erbaut gegen Ende des 16. Jahrhunderts, steht. Die Anlage ist nur wenige Gehminuten vom Lindauer Tor und vom Martinstor entfernt.

Der Friedhof wurde 1521 auf dem Gelände des seit 815 verbürgten Maierhofs des Klosters Sankt Gallen angelegt – damals wütete die Pest. Als Vorbild dienten italienische Friedhöfe der Renaissance. Unter den Arkaden finden sich steinerne Epitaphe. Bürger- und Zunftmeister, Gerichts- und Ratsherren der Freien Reichsstadt schufen sich ihre eigenen Denkmäler.

■ **Das Martinstor mit dem Torwächterhaus (rechts).**

führte allerdings nach Karlsruhe. Wir gedachten Tinos Vorfahr und spazierten über den Gottesacker, auf dem die sterblichen Reste begraben liegen. Ein seltsames Gefühl, denn ohne diesen Mann, von dem wir bisher nur das Foto gekannt hatten, wären wir beide nicht an diesen stillen Ort gelangt und es würde dieses Buch nicht geben.

Auch in Wangen tat ein *Torwart* Dienst, und zwar in dem wenig bekannten, dem Martinstor südlich vorgelagerten *Torwarthaus*. Das heutige Gebäude existiert seit 1825. Es ist ein zweigeschossiger Bau mit Mansardensatteldach. Bis ins Jahr 1837 wurden die Tore abends nach dem Gebetläuten geschlossen. Wer später kam, musste ein »Torsperrgeld« entrichten. Der Torwart hatte unter dem Tor Ordnung zu halten, überwachte den zollpflichtigen Waren- sowie Personenverkehr und verlangte Wegezoll. Frei von Abgaben waren Bürger, die den Pfarrer, die Hebamme oder den Arzt abholten, der Postillon, also der Gespannführer der Postkutsche, und königliche Angestellte in Amtsangelegenheiten. Das Privileg, Wegezoll zu erheben, hatte die Stadt Wangen bereits 1360 erhalten. Die »Maut« diente damals schon zur Verbesserung der Wege und Straßen. Das Umfahren der Stadt zur Einsparung der »Maut« war unter Strafe gestellt. Der Wangener Torwart verlor 1880 seine Arbeit. Seitdem können die Tore gebührenfrei passiert werden.

Gastrotipp: »Wangener Legende« im *Lamm*

»Guten Abend, wir sind zwei Badener, die ohne Geld durch Schwaben reisen. Wir haben Hunger und würden bei Ihnen gerne zu Abend essen. Wohlgemerkt, wir haben keinen Cent bei uns.« So oder so ähnlich formulierten wir es fast jeden Tag. Bettina Unger vom Gästeamt hatte uns zum *Lamm* geschickt. Es war das erste Mal auf unserer Reise, dass wir in ein zunächst verdattertes Gesicht blickten. Ich sprach weiter: »Frau Unger vom Gästeamt hat uns Ihr Restaurant empfohlen. Wir sollten unbedingt die Wangener Legende probieren.«

Der Chef des Hauses, Franz Christberger, wurde stutzig. Wir klärten ihn über unser Buchprojekt auf, bevor er auf den Gedanken kommen konnte, uns wutentbrannt fortzuschicken. Er lachte und bat uns, Platz zu nehmen.

Die Wangener Legende stellte sich als extrem lecker und reichhaltig heraus. Ein kleines Schweinerückensteak mit Krautkrapfen, Maultaschen, Kraut, Schupfnudeln und Röstzwiebeln. Als Nachspeise empfahl er uns hausgemachte Nonnenfürzle in Zimtstaubzucker mit Vanilleeis. Die Speisekarte enthält weitere regionale sowie glutenfreie Speisen zu moderaten Preisen. Ein prominenter Gast, Dietz-Werner Steck alias Kommissar Bienzle, dichtete einst: »Der Weg ins *Lamm* sich immer lohnt, auch wenn man ganz woanders wohnt.«

Gasthaus Lamm
Bindstraße 60
88239 Wangen im Allgäu
www.lamm-wangen.de

Die Nacht im Pulverturm

Satt, müde und zufrieden mit dem ersten Tag stiegen wir in »unseren« Pulverturm. Über den Gipfeln des Bregenzerwalds standen prächtige Blumenkohlwolken, auf dem Küchentisch Tulpen in den badischen Farben rot und gelb, *Hagnauer Sonnenufer* Spätburgunder und Kartoffelchips. Tino legte unsere Barschaft von 1,40 Euro demonstrativ auf den Küchentisch.

Inzwischen hatten wir gelernt, dass die Wangener keine Schwaben sind, sondern Oberschwaben. Nur einen Kilometer von Bayern entfernt bezeichnet sich so mancher als Allgäuer. Worüber sich wiederum die echten oder vermeintlich echten Allgäuer, etwa aus Kempten, amüsieren. Wangen wurde erstmals 815 in einer Urkunde des Klosters Sankt Gallen erwähnt, heute bekanntermaßen eidgenössisch. Später waren es die Staufer und Habsburger, die dafür sorgten, dass Wangen »Freie Reichsstadt« wurde. »Wir sind ein kriegerisches Bergvolk, das sich von durchziehenden Preußen ernährt«, meinte ein Wangener Bürger, als wir uns mit ihm über die Geschichte der Stadt unterhielten. Tatsächlich trafen sich bereits im Hochmittelalter Fernhandelsstraßen in Wangen, die Zünfte gewannen an Einfluss und die Stadt an Wohlstand. Als Mitglied des Schwäbischen Städtebundes und des Seebundes war Wangen im Laufe seiner

Vorübergehend badisch besetzt: der Wangener Pulverturm.

■ **Blütenpracht: Wangener Altstadt mit Ravensburger Tor.**

Geschichte in mehrere Kriege verwickelt und fiel im Jahr 1802 im Rahmen der Mediatisierung an Bayern. Acht Jahre später wurden die Grenzen berichtigt, Wangen schlug man dem Königreich Württemberg zu. Im April 2014 schließlich hissten zwei Schriftsteller aus Karlsruhe die badische Flagge am Pulverturm und besetzten diesen für zwei Tage.

Im Vergleich zum Martinstor und zum Ravensburger Tor ist »unser« Pulverturm weniger spektakulär, aber wir liebten ihn, auch wenn es in der Küche kühl war und wir uns dort nur mit Jacke aufhalten konnten. Eigentlich wollten wir unsere zweite Wangener Nacht im Gästezimmer oder auf der Couch eines großzügigen und weltoffenen Bürgers verbringen, der von seinem Glück heute noch nichts wusste. Doch wo könnte es schöner sein als in diesem historischen Gebäude mit Alpenblick? Wir beschlossen, das Angebot der Stadt anzunehmen, auch die zweite Nacht im Pulverturm zu verbringen.

Normalerweise ist er, wie erwähnt, nicht öffentlich zugänglich. Errichtet wurde er Anfang des 15. Jahrhunderts, als die Unterstadt ummauert wurde. Anfangs hieß er Färber- oder Wasserturm, Schießpulver wurde hier nie gelagert. Direkt neben dem Pulverturm wehte damals nämlich keine badische Flagge, sondern flatterten gefärbte Tücher im Wind. Frisch verliebte Wangener können den Turm am 14. Februar, dem Valentinstag, besichtigen. So etwa Sieglinde und Ernst, beide Mitte Siebzig und über fünfzig Jahre lang verheiratet. »Do brauchsch du erscht gar net anzurufe«, sagte Ernst zu Sieglinde, die es trotzdem versuchte: »Nehmet Sie au alde Verliebte?«, fragte sie. Sieglinde erzählte uns diese kleine Geschichte, sichtlich stolz darauf, mit ihrem Ernst immer noch glücklich und bei der Führung das älteste Paar gewesen zu sein.

Neben dem Pulverturm, im ehemaligen Färberhaus, finden sich zwei kleine Museen zu zwei Geistesgrößen der deutschen Geschichte, nämlich Gustav Freytag (1816–1895) und Joseph Freiherr von Eichendorff (1788–1857). Briefe, originale Handschriften, zeitgenössische Kunst oder Fotografien aus Eichendorffs Heimat dokumentieren Leben und Werk des Erfinders des *Taugenichts*. Als Schriftsteller, Publizist, Erzähler und Kulturhistoriker zählt auch Gustav Freytag zu den Großen seiner Zeit. Zu sehen und zu lesen sind Briefe, Schriften, Erstausgaben und Bilder. Zusammengetragen wurden die Exponate von den Sammlern Willibald Köhler und Karl Fleischer, die nach ihrer Vertreibung aus Schlesien die Erinnerungsstücke an die Schriftsteller ihrer Heimat sammelten und ausstellten. Das *Deutsche Eichendorff-Museum* und das *Gustav-Freytag-Museum* erreichen Besucher über das Heimatmuseum in der Eselmühle. Auf unserem Weg vom Pulverturm ins Freie kamen wir jedes Mal an diesen wenig bekannten Kleinoden vorbei.

»Nicht überall, wo Württemberg draufsteht, sind auch Schwaben drin«, sagte Tino nach zwei Vierteln Wein.

»Recht hast du«, antwortete ich, »hier lebt man gerne in einer Grenzregion.« Die bayerischen Nachbarn bezeichnen die Wangener als »Württemberger«. Was unseren Gastgebern aber auch nicht recht ist. Es ist also ein besonderes Völkchen, das in diesem prächtigen Städtchen lebt. Am Ende des Tages stolperte ich über meinen Rucksack ins Bett. Die Tasse spielte das *Badenerlied*. Nur Sekunden später schnarchte ich. Behauptete jedenfalls Tino am nächsten Morgen.

Der Bier-Contest

Wenn man die Schwaben prüfen möchte, muss man ihnen eine Chance geben, sich darauf vorzubereiten. Fairerweise, versteht sich. Ohne Geld durch eine Gegend zu ziehen, das haben schon viele vor uns unternommen, sicher auch durch das schöne Württemberg. Doch die Einheimischen aufzufordern, uns regelrecht zu verwöhnen, und den Schwaben Aufgaben zu stellen, das war neu.

Die Stadt Wangen hatte von uns die Aufgabe bekommen, eine Bier-Blindverkostung – neudeutsch einen »Bier-Contest« – vorzubereiten. Wir wollten herausfinden, ob württembergische oder badische Biere besser schmecken. Schließlich hat der westliche Landesteil seinen Brüdern und Schwestern im Osten eines voraus: Wir haben eine eigene Badische Staatsbrauerei! Was allein schon die Existenz des Staates Baden beweist! Außerdem braut Rothaus *das* Kultbier schlechthin, das *Tannenzäpfle*! Zum Glück wissen die Berliner, ja selbst Wolfgang Thierse, dass das ein badisches und kein schwäbisches Bier ist. Unvorstellbar, dass Berliner Kneipen *Schwabenbräu* ausschenken, oder?

Wunderschön in der Altstadt gelegen: das Café Moritz.

Was können außerdem zwei Schriftsteller am 23. April, dem Welttag des Buches *und* des Bieres, Besseres unternehmen als Bier zu verkosten? »Natürlich Geschichten vorlesen«, kam es von Gisela Stetter, der Leiterin der Wangener Stadtbücherei, und von Oberbürgermeister Michael Lang im Vorfeld unserer Tour.

Am zweiten Tag unserer Reise allerdings waren wir von der anstehenden Bierverkostung nicht sehr begeistert, denn sie war auf elf Uhr angesetzt, wohlgemerkt am Vormittag. Wir frühstückten im *Café Moritz* auf Einladung der Stadt Wangen, ganz in der Nähe des Pulverturmes mitten in der Altstadt mit Blick auf das Mühlrad des Heimatmuseums. Das Café mit seiner Gewölbedecke ist behutsam modernisiert worden. Für ein Frühstück draußen, zwischen Stadtmauer und Café, war es zu frisch, auch wenn die Sonne schon wärmte. Wir platzierten uns unter einem Kronleuchter, tranken Kaffee und besprachen die Texte, die wir lesen wollten. Da wir WLAN hatten, posteten wir gleich ein Foto vom badisch besetzten Pulverturm. Tino hatte sein Smartphone dabei, schließlich wollte er mit Gattin und Sohn skypen. Wenn Gerlinde Kaltenbrunner beim Besteigen ihrer Achttausender, bei ihren Abenteuern im höchsten Himalaya das Netz nutzt, dürfen wir das im tiefsten Schwaben auch, hatten wir vor der Reise beschlossen.

»Wie kann man eine Bierverkostung um elf Uhr ansetzen?«, fragte ich. »Das ist ein Test, wie hart wir im Nehmen sind«, sagte Tino. Wir beide sind eigentlich Weintrinker und genehmigen uns allenfalls an Festtagen ein knappes, ein schwäbisches Viertele (0,2 Liter) Rotwein zum Mittagessen im Restaurant. Sonst trinken wir grundsätzlich nur nach Sonnenuntergang.

Gastrotipp: *Moritz Wangen*

Modernes, dennoch gemütliches Ambiente. Reichhaltiges Frühstücksbuffet, *Schneller Teller* und umfangreiche Speisekarte inklusive schwäbischer Spezialitäten und jahreszeitlicher Glanzlichter (zum Beispiel: *Spargelkarte*), Extra-Speiseangebot für Kinder.

Moritz Wangen
Restaurant, Bar, Café, Lounge
Eselberg 4
88239 Wangen im Allgäu
www.moritz-wangen.com

■ **Matthias verkündet die Ergebnisse seines Biertests.**

Gegen halb elf waren die Teilnehmer des Biertests im *Spitalhof* versammelt. Der Tonmeister sympathisierte als Fan des SC Freiburg mit den badischen Bieren, steckte uns Mikrophone an und verkabelte uns, schließlich sollte uns jeder gut hören können – nebenan befand sich ein Seniorenheim, bei dem sich mit zunehmendem Trubel im Hof immer mehr Fenster öffneten. Die Versuchsanordnung hat man sich so vorzustellen: Auf drei Tischen standen sechs Gläser und ebenso viele eisgekühlte Flaschen Bier, ummantelt und damit unkenntlich gemacht mit Alufolie. An den drei Tischen nahmen sechs Juroren Platz: Tino und ich in der Mitte, zu unserer Rechten der Gastronom Hans-Jörg Leonhardt und Braumeister Alexander Neugebauer von der Brauerei *Farny*. Ich hatte das Bier von früheren Besuchen in guter Erinnerung, weshalb ich vor der Blindverkostung auf Nachfrage des Moderators Wolfgang Wanner erklärte, es habe gute Chancen, gegen *Rothaus* zu bestehen. Der Braumeister war mit der Versuchsanordnung zufrieden und verglich den Contest mit einer Weinprobe. Ein Bier habe drei Geschmackskomponenten, nämlich Kohlensäure, Hopfenbitter und sein Aroma. An Tisch drei, zu unserer Linken, nahmen Bibliotheksleiterin

Gisela Stetter und Buchhändlerin Barbara Fessler Platz. Beide outeten sich als nicht gerade leidenschaftliche Biertrinkerinnen. Verkostet wurden drei weltbekannte badische Export-Biere, nämlich *Rothaus, Fürstenberg* und *Alpirsbach.* Die Oberschwaben schickten regionale Biere ins Rennen, *Farny, Härle* und *Leibinger.* Mittels eines Auswertebogens wurden die Ergebnisse protokolliert.

Test Nummer eins bestand darin, die Biere den beiden Landesteilen zuzuordnen. Wir waren uns nach den ersten Schlucken einig: Nummer eins und fünf sind badische Biere – der Leichtigkeit wegen. Aber die vier anderen Biere? Die Fachmänner zur Rechten waren zunächst schweigsam. Die sonst abstinenten Frauen verstiegen sich gegenüber Moderator Wanner im Gegensatz zu uns zu keinen Spekulationen. Tino rückte auf unserer Bierbank zunehmend in den Schatten. Die späte Vormittagssonne und das Bier machten uns vor allem bei Test Nummer zwei zu schaffen: Wir sollten nämlich das beste Bier herausfinden. Bier Nummer eins und Bier Nummer fünf waren unsere Favoriten. Einig wurden wir uns erst, als beide Flaschen fast leer waren: Bier Nummer eins machte bei uns das Rennen.

Die Leiterin des Contests und gleichzeitig Chefin des Gästeamtes, Belinda Unger, sammelte die Auswertebögen ein. Die Fachmänner rechterhand machten einen nüchternen Eindruck, wir bemühten uns um Contenance, die beiden Damen zu unserer Linken waren vergnügt und bedauerten, am Nachmittag noch arbeiten zu müssen.

Das Ergebnis fiel eindeutig aus. Die Biertesterinnen waren die einzigen, die alle sechs Biere den richtigen Landesteilen zuordnen konnten! »Schwäbinnen schlagen Badener beim Biertest«, verkündete der Moderator, denn wir Autoren waren lediglich in der Lage, vier Biere richtig zuzuordnen. Die Bierkenner, Braumeister und Gastronomen scheiterten. Man muss es sagen: Sie scheiterten kläglich mit nur zwei Treffern! Braumeister Neugebauer glaubte gar, sein Bier sei ein badisches Bier. Was nicht gegen sein Bier spricht. Oder gegen seinen Geschmackssinn. Oder beides. Bei Test Nummer zwei, so mussten Tino und ich mit Bedauern zur Kenntnis nehmen, landete unser *Rothaus*-Bier auf dem zweiten Platz. Silbermedaille also. Auf Platz eins rangierte *Härle-Gold*, die nicht vorhandene Bronzemedaille errang die Ravensburger Brauerei *Leibinger.* Das aus badischer Sicht respektable Ergebnis versuchten wir nun auf unsere Weise zu bestätigen: Während wir literarische Texte zum Thema Bier lasen, tranken wir abwechselnd *Härle-Gold* und *Rothaus.*

Einen kleinen Schönheitsfehler hatte der Bier-Contest. Der geografisch bewanderte Leser wird es bemerkt haben: Alpirsbach ist württembergisch! Die Württemberger wollten uns eines ihrer Biere als badisch unterjubeln. Genutzt hat es nichts, es landete auf den hinteren Plätzen.

Der Sieger des Contests, die Firma *Härle* mit Sitz in Leutkirch, wurde 1897 von Clemens Härle gegründet. Ein Kuriosum ist, dass er zwölf Geschwister hatte. Drei seiner Brüder wurden ebenfalls Braumeister und gründeten oder übernahmen Brauereien. *Härle* hat heute 28 Mitarbeiter und produziert pro Jahr knapp 29 000 Hektoliter Bier. Zum Vergleich: *Rothaus* hat eine Kapazität von einer Million Hektoliter.

Noch eine Wangener Legende: der *Fidelisbäck*

»Fünf Bier sind eine Mahlzeit, aber dann hat man immer noch nichts getrunken.« Zugegeben ein dummer Spruch, denn bei uns war es gerade umgekehrt. Nach sechs getesteten Bieren bekamen wir Hunger! Und zwar rechtschaffen Hunger, schließlich waren wir nicht zu unserem Vergnügen unterwegs. Wer (wie wir) nur einen touristischen Kurztrip in die Stadt mit Alpenblick unternimmt, für den ist ein Besuch beim *Fidelisbäck* obligatorisch. Das dachte sich auch der ehemalige Brauereimitarbeiter Josef Dorn, der uns dorthin spontan zum Mittagessen einlud – er war Gast bei unserer Blindverkostung gewesen und wollte uns beweisen, dass Oberschwaben großzügig sind.

Den Steuereintreibern des Spätmittelalters ist es zu verdanken, dass wir heute wissen, wie alt diese ehrwürdige Bäckerei ist: Im Steuerbuch der Stadt Wangen lässt sich der *Fidelisbäck* im Jahr 1505 nachweisen. Der Inhaber hieß Hans Wangner, war also offenbar ein Einheimischer. Mit Ausnahme der Jahre 1616 bis 1637, also während des Dreißigjährigen Krieges, so wurde nachgewiesen, wurden hier Backwaren verkauft. Das Gebäude brannte zweimal ab (1539 und 1793).

Tettnanger Aromahopfen

Einen Bier-Contest im Oberschwäbischen durchzuführen, bot sich auch wegen des *Tettnanger Aromahopfens* an. Der Anbau von Hopfen rund um Tettnang reicht zurück bis ins Jahr 1150. Weltweit schätzen die Braumeister das »grüne Gold« zur Verfeinerung ihrer Biere. »Feinstes Aroma und eine zarte Bittere« – so wirbt die Gemeinde – geben »den Bieren einen unverwechselbaren Charakter und vermitteln bei jedem Schluck die einzigartige Landschaft zwischen dem nördlichen Bodenseeufer und dem Allgäu.«

Mit dem Hopfenanbau beschäftigt sind 150 Betriebe. Wir lernten, dass der *Tettnanger Aromahopfen* drei Prozent der Welthopfenfläche ausmacht – es sind immerhin 1200 Hektar, auf denen bis zu 2000 Tonnen jährlich produziert werden.

Nur ein kleiner Teil (15 bis 20 Prozent) bleibt in Deutschland: Der Tettnanger Hopfen, eine geschützte geografische Marke, wird vor allem in die USA exportiert und gilt als besonders hochwertig. Wer mehr über »Lupulin« (Hopfenmehl, hier sitzen besonders viele Aromastoffe) und »Humulonsäuren« (sie sind verantwortlich für die herbe Frische und die Schaumstabilität) wissen möchte, dem sei der vier Kilometer lange *Tettnanger Hopfenpfad* samt Museum empfohlen.

Wie sehr die Tettnanger ihren »Global Player« lieben, bewiesen sie 2006 bei der »Hopfensauparade«. Lebende Säue wurden allerdings nicht durchs Dorf getrieben. Die Touristenattraktion bestand aus 90 Keramikviechern, die unterschiedlich bemalt waren: Ein Autohaus etwa sponserte ein Schwein »Alonso«, das dem damaligen Formel-1-Weltmeister gewidmet war.

Fidel Hasel, der zur Zeit des letzten Brandes Chef des Hauses war, gab der Bäckerei ihren heutigen Namen. Zweimal innerhalb kurzer Zeit wurde die Bäckerei verkauft (1887 und 1888). Seit 1900 befindet sie sich im Besitz der Familie Heine.

Die wohl älteste deutsche Bäckerei: der Fidelisbäck.

Die womöglich älteste Bäckerei Deutschlands wird von der Stadt als Touristenziel beworben. Das liegt auch am Leberkäs – die Nähe zu Bayern lässt grüßen –, von dem werden pro Woche bis zu 5000 Portionen verkauft. Was den Münchnern ihr Hofbräuhaus ist den Wangenern ihr *Fidelisbäck*. Besonders beliebt ist der kleine Biergarten. Bis zu tausend Gäste am Tag zählt die Attraktion, hinzu kommen 1500 Bäckereikunden – eine weitere Spezialität sind die »Butterseelen«. Tischreservierungen sind in dem Kultlokal nicht möglich. Wenn sich prominente Politiker ansagen, blockiert die Stadtverwaltung schon mal einige Tische mit Feuerwehrmännern oder Schulkindern und spendiert Bier oder Cola, bis die Honoratioren bereit zur Einkehr sind.

Nach dem deftigen Mittagsmahl verzogen wir uns in den Pulverturm. Bier und Leberkäs, das macht fleißige Badener müde. Wir begingen einen kleinen Fehler, vergaßen wir doch den Pulverturm abzuschließen. Daraufhin gab es zwar keine Siesta, wir füllten aber unseren Geldbeutel. Denn neben mir standen plötzlich drei Grundschulkinder, die Eltern folgten vorsichtig, wussten sie doch nicht, was sie oberhalb der kleinen Küche erwartete. Da standen die Kinder schon vor meinem Bett. »Das ist ein Job für Tino«, dachte ich und führte das Quintett treppauf. Tino malte den Kids gleich ihre Lieblingstiere, während ich den erstaunten Turmbesuchern die Geschichte von dem Schwaben- und vor allem Bier-Contest erzählte, wohl um die Alkoholfahne hinreichend zu erklären. Die Kinder strahlten, die Eltern auch. Für die Badener gab es als Dank für Tinos Kunst und die Aussicht über die Dächer Wangens jeweils zwei Euro. Während der Finanzminister eine Barschaft von 5,40 Euro notierte, beschloss ich als Außenminister, frisches Obst und Gemüse zu organisieren. Auf keinen Fall wollten wir auch noch kalorienreich zu Abend essen! Die Marktleute bauten ihre Stände bereits ab, ich sagte die auswendig gelernten Sätze, diesmal in der »Gemüsevariation«: »Guten Tag, wir sind Badener und ziehen durch Schwaben ohne Geld. Wir sind heute Mittag zu einem deftigen Essen eingeladen worden. Würden Sie uns vielleicht drei Tomaten und eine Gurke spendieren, damit eine ausgewogene Ernährung gewährleistet ist?«

Vorher hatte ich mich vergewissert, dass der Stand aus Oberschwaben und nicht aus Bayern war. Der Chef radebrechte italienisches Deutsch und gab mir neben dem gewünschten Gemüse noch eine Portion frischer Erdbeeren mit.

Noch konnten wir auf die Geschenke fürsorglicher Karlsruher zurückgreifen: Am Abend gab es selbstgebackenes Brot der Künstlerin Renate Schweizer, dazu Dauerwurst der *Metzgerei Sack*, außerdem badischen Wein: Müller-Thurgau vom *Staatsweingut Meersburg*, gespendet vom Gästeamt. Wie fürsorglich doch die Wangener sind! Als ich zur Toilette schlurfte, empfahl mir der Hausmeister, doch die nebenan zu benutzen. Diese sei nicht nur beheizt, es stünden da auch keine Besen, Putzeimer und Reinigungsmittel herum. Ob er von der Frage nach der Kehrwoche ablenken wollte? Befürchtete er, dass ich ihn fragen könnte, ob er bei sich zu Hause regelmäßig Treppenhaus und Hof reinigte? Auf dem Weg zurück zum Pulverturm strich ich die badische Fahne glatt und stolperte über meinen Rucksack, aus dem diesmal nicht das *Badnerlied* erklang. Die Tasse stand nämlich ein Stockwerk tiefer in der Küche.

In der Nacht träumte Tino von der malerischen Altstadt Wangens. Er flanierte mit Gattin und Sohn durch die Gassen, suchte ein Geschäft für Designermöbel und wurde sich bewusst, nur 5,40 Euro zu besitzen. Ich zählte des Nachts keine Schäfchen und keine Säue, sondern die Münzen des Wangener Schatzes, den ich am Nachmittag im Heimatmuseum gesehen hatte. Als nämlich im Jahr 1972 ein Bauarbeiter mit seinem Presslufthammer die Sanierungsarbeiten an der Wolfgangskapelle vorantrieb, prasselten plötzlich unzählige Silber-

Von so viel Geld konnten wir nur träumen: der Wangener Münzschatz im Heimatmuseum.

münzen aus einem Wandhohlraum. Batzen und Taler dutzendweise. Dabei war auch eine Falschmünze. Der Badener ohne Geld bezahlte in seinem Traum mit der Falschmünze eine Flasche Trollinger.

Tipp für Freunde historischer Fahrzeuge

1. Wangener Oldtimer- und Klassiker-Club e. V.

Auf den Internetseiten des Wangener Oldtimer-Clubs kann man sich umfassend über historische Fahrzeuge informieren. Videobeiträge, Diashows, ein Oldtimer-Magazin und regelmäßig aktualisierte Termine geben einen guten Einblick in die regionale und überregionale Szene der Freunde historischer Automobile.

www.oldtimer-wangen.de

Den Seinen gibt's der Herr im Schlaf

Tino Berlin

Bereits vor unserer Tour hatten Matthias und ich darüber fabuliert, wie wir durch Schwaben zu reisen gedächten. Es war klar, dass wir in drei Wochen Württemberg nicht zu Fuß durchqueren konnten, auch wenn das immer wieder kolportiert worden war. Uns ging es darum, auf möglichst vielfältige Weise kostenlos von A nach B zu kommen, gerne auch mal zu Fuß. Im Gespräch waren jedoch, neben Bus und Bahn, in erster Linie ungewöhnliche Fortbewegungsmittel, wie etwa ein Stocherkahn, ein Mercedes der S-Klasse, eine Fahrradrikscha, ein Motorrad mit Beiwagen und ein Oldtimer. In Harry Cschechowsky und Erwin Schröpfer fanden wir Verbündete. Die beiden Oldtimerliebhaber aus Wangen hatten Matthias und mir angeboten, uns in einem Feuerwehrauto der Marke *Opel Blitz* aus den frühen 1960er Jahren von Wangen nach Ravensburg zu transportieren, dem nächsten Etappenziel unserer Expedition. Beim Bier-Contest hatten wir uns kennengelernt, und die beiden hatten uns versprochen, tags darauf vor dem Museum auf dem Eselberg auf uns zu warten.

Nachdem wir die badische Fahne am Pulverturm eingeholt und im *Café Walfisch* gefrühstückt hatten (danke für die Einladung!), war-

Gastrotipp: ***Café Walfisch***

Die traditionsreiche Café-Konditorei liegt wenige Schritte vom Lindauer Tor entfernt und verkauft – neben Kuchen, Strudel, Torten und anderen Backwaren – auch Eis und Pralinen. Das familiengeführte Haus bietet einen täglich wechselnden Mittagstisch an.

Besonderheit: Auf der Außenfassade des rund 500 Jahre alten Gebäudes ist ein barockes Fresko aus dem 18. Jahrhundert zu sehen, das Jonas und den Wal darstellt.

Café Walfisch
Paradiesstraße 7
88239 Wangen im Allgäu
www.cafewalfisch.de

fen wir einen letzten Blick auf »unseren« Pulverturm und gingen an der Stadtmauer entlang in Richtung Museum.

Der *Opel Blitz* stand dekorativ vor dem Wasserrad der Eselmühle, sein signalroter Lack leuchtete weithin und war nicht zu übersehen. Matthias und ich machten es uns auf den Vordersitzen bequem. Der Blick auf die Vintage-Armaturen war für mich ein Flashback in die frühen Tage meiner Kindheit, und ich freute mich schon auf die 25 Kilometer lange Fahrt nach Ravensburg, wo wir zu einem Besuch im Museum des Ravensburger Verlags eingeladen worden waren.

Bereits nach einer halben Stunde hielt der *Opel Blitz* vor der Stadtbücherei Ravensburg, dem ehemaligen Kornhaus. Dennoch freute ich mich wie ein Kind, dass ich diese erlebnisreiche Fahrt gemacht hatte. Von der Stadtbücherei am Marienplatz waren es nur noch wenige Schritte zum *Museum Ravensburger*, dem ursprünglichen Sitz des Verlages mit dem berühmten blauen Dreieck. Nachdem wir uns verabschiedet hatten, gingen wir durch die Fußgängerzone, hinauf in Richtung Obertor zur Marktstraße, wo sich das *Museum Ravensburger* befindet.

Frau Stiefenhofer, die für die Pressearbeit zuständig ist, hatte uns angekündigt. Unsere schweren Rucksäcke stellten wir hinter der Theke ab, der Rundgang durch das Museum konnte beginnen. Im Erdgeschoss erwartete uns die Geschichte des Unternehmens mit Fotos, Filmbeiträgen, Handschriften und dem Originalschreibtisch des Firmengründers Otto Maier. Im ersten Obergeschoss wurden wir umfassend über die bunte Welt der Ravensburger Spiele informiert, wobei ich mich insbesondere für die historischen Spiele interessierte. Auch ein Spiel von Ray und Charles Eames aus den 1960er Jahren war darunter, was mich überraschte, vielen sind diese legendären Künstler eher als Möbeldesignerpaar bekannt. Es ging hinauf zum zweiten Obergeschoss, zur Bilderbuch- und Lesewelt.

Nebenbei bemerkt ist es möglich, im *Museum Ravensburger* ganz offiziell den Bund für's Leben zu schließen, was den Vorteil hat, dass man sich bei dieser Gelegenheit gleich über die mediale Grundausstattung des Kinderzimmers informieren kann.

Im Museum Ravensburger werden nicht nur Kinderträume wahr.

Blick über Ravensburg mit dem *Mehlsack* und der evangelischen *Stadtkirche.*

Im Shop schließlich erblickten wir zu meiner Freude stapelweise von mir verfasste Kinderbücher.

»Die haben sie bestimmt nur hingelegt, weil sie wussten, dass du heute kommst«, frotzelte Matthias.

»Du läufst Gefahr, mich zu verärgern«, entgegnete ich mit einem milden Lächeln auf den Lippen.

Kurz darauf verließen wir das *Museum Ravensburger*. Auf der Straße wurde Matthias prompt von einer Passantin erkannt. Da erkannte ich meinerseits zwei Gesichter in der Menge: Meine Lektorin Marion Dywiak sowie Johanna Just, die für die Öffentlichkeitsarbeit zuständig ist, kamen uns entgegen. Sehr kurzfristig hatten die beiden von unserer Tour durch Schwaben Kenntnis bekommen, und natürlich wurden wir von ihnen zum Essen eingeladen. Bei Hühnchen mit Curry im *Humpis,* schräg gegenüber dem Museum, erzählten wir Marion und Johanna, was wir bislang erlebt hatten, und referierten über unsere Pläne. Ein wenig nachdenklich waren die beiden schon, dass zwei Herren mittleren Alters völlig mittellos eine Reise durch Schwaben wagten.

»Und ihr habt wirklich kein Geld?«, fragten sie, bevor wir uns verabschiedeten.

In dieser Frage schwang ein wenig Besorgnis mit. Wir konnten sie ein bisschen beruhigen, führten wir doch noch einige Erdbeeren und etwas Gemüse mit uns. Wir schenkten es den beiden ebenso wie eine Tafel Schokolade, die uns eine Wangener Buchhändlerin übereignet hatte.

Unsere Reise hatte gerade erst begonnen, aber es keimte in uns doch ein wenig der Zweifel, ob wir dieses ambitionierte Abenteuer bis zum Ende durchführen konnten. Bis jetzt waren wir stets an herzensgute Württemberger geraten. Wer wusste schon, ob wir uns nicht in wenigen Stunden in einem klammen Winkel der malerischen Altstadt ein dürftiges Nachtlager würden bereiten müssen?

Zunächst waren wir ziemlich ratlos. Unsere Ratlosigkeit, wie wir nun ohne Geld nach Sigmaringen kommen sollten, wich der Erkenntnis, dass wir zunächst einmal eine Siesta machen sollten. Den Seinen gibt's der Herr im Schlaf.

Und so geschah es dann auch, und zwar hoch über der Stadt auf dem Gelände der Veitsburg unter einem großen Lindenbaum. Die

Kulturtipp: *Museum Ravensburger*

Im *Museum Ravensburger* erfährt man, in ansprechendem Ambiente, alles rund um den gleichnamigen Verlag und seine Produkte.

Ein besonderer Hit ist die *tiptoi®-Museums-Rallye*, bei der die Besucher das audiodigitale Lernsystem von *Ravensburger* benutzen können. Hierbei »erzählt« ein orangefarbener *tiptoi®-Stift* den Kindern in jedem Raum wissenswerte Dinge und stellt Quizfragen, die unter Verwendung des Stifts beantwortet werden können.

Museum Ravensburger
Marktstraße 26
88212 Ravensburg
www.museum-ravensburger.de

Sicht über die mittelalterliche Stadt war berückend, und in der Ferne grüßte Deutschlands größte Barockbasilika in Weingarten. Die Basilika Sankt Martin ist immerhin halb so groß wie der Petersdom in Rom. Klar, von hier musste Erleuchtung kommen.

Es war Matthias, dem die Vorsehung im Halbschlaf zuraunte, er möge unsere Kollegin Gabriele Loges in Sigmaringen anrufen. Er war der Meinung, dass sie uns bestimmt weiterhelfen könne. Matthias skizzierte ihr kurz unsere Lage, in die wir uns ohne Not selbst gebracht hatten. Nun läge es an ihrer Nächstenliebe, uns a) eine kostenlose Fahrgelegenheit nach Sigmaringen zu organisieren, b) für ein kostenfreies Mittag- und Abendessen zu sorgen und c) eine angemessene Schlafstatt für die Nacht bereitzustellen.

Gabi war erstaunt über diese unverhofften Aufgaben, dennoch war sie sofort von Tatendrang beseelt: »Ich werde d) in Kürze bei euch anrufen«, sagte sie. »Macht euch e) keine Sorgen.« Wir fanden, das war eine sympathische Einstellung.

»Wetten, dass Gabi zur Hochform aufläuft?«, sagte Matthias. »Niemand kann das besser als sie!«

Mit erwartungsvoller Gelassenheit setzten wir unser Nickerchen unter dem Lindenbaum fort. Nicht allzu lange, und schon klingelte das Handy. Gabi hatte Kontakt zum Ravensburger Oberbürgermeister aufgenommen, den sie über ein paar Ecken kannte. Es geht eben nichts über ein funktionierendes Netzwerk.

»Man erwartet euch bereits im Rathaus«, teilte sie uns mit. »Für einen sicheren Transport nach Sigmaringen wird der Oberbürgermeister garantieren, um diplomatische Verwicklungen zwischen beiden Städten zu vermeiden.« Na also. Das Glück ist mit den Tüchtigen, die eine Gabi in Sigmaringen haben.

»Wenn ihr euch beeilt, könnt ihr noch am Fidelisfest teilnehmen«, fügte sie hinzu.

Für die Sigmaringer gehört dieses traditionsreiche Fest zu den bedeutendsten Ereignissen des Jahres, es ist der Sigmaringer Nationalfeiertag schlechthin.

Wir betraten die Eingangshalle des Ravensburger Rathauses. Das Gebäude aus dem Jahr 1876 ist ein repräsentativer Bau aus der Kai-

Drei Mann auf einem Tisch: im Ravensburger Rathaus mit Oberbürgermeister Daniel Rapp.

serzeit. Das Rathaus besticht durch weitläufige Flure und Räume im historisierenden Stil: Sandsteintreppen, schmiedeeiserne Geländer, monumentale Ölgemälde und holzvertäfelte Verwaltungsräume mit aufwändigen Schnitzereien. Diese Art von Architektur unterstreicht die Bedeutung der dort wirkenden Amts- und Würdenträger.

Ehrfürchtig klopften wir an der mächtigen Tür des Zimmers, hinter der wir Daniel Rapp, den Oberbürgermeister, vermuteten. Matthias, der inoffizielle badische Außenminister, stellte uns vor. Die freundliche Sekretärin Carolin Volkwein war bereits im Bilde, sie bot uns einen Kaffee an und führte uns zu Oberbürgermeister Rapp. Der jugendlich wirkende Mann verwickelte uns sofort in ein interessantes Gespräch. Von unserer Idee, ohne Geld durch Schwaben zu reisen, war er sehr erbaut, daher steuerte er gerne einige Fakten zur Region bei – und einen Geldschein. Er gab mir, dem inoffiziellen badischen Finanzminister, einen 50-Euro-Schein. Die Zugfahrt nach Sigmaringen war gesichert. Die in ihrer Höhe überraschende Zuwendung steuerte Herr Rapp als Privatmann bei, nicht in seiner Funktion als Oberbürgermeister, dem Steuerzahler entstanden durch die großzügige Unterstützung also keine Kosten.

Schließlich kam Oberbürgermeister Rapp auf die Deutschlandfahne zu sprechen, die Matthias und ich bereits im Foyer wahrgenommen hatten.

»Die Ravensburger sind die Badener von Schwaben«, sagte er, »schließlich kämpften sie in der Revolution von 1848 an der Seite der Revolutionäre.«

Ja, auch vor Ravensburg hatte die Badische Revolution nicht Halt gemacht. Kein Wunder, schließlich verfügt die Stadt mit dem 78 Einwohner zählenden Adelsreute über einen badischen Stadtteil, ließ er uns wissen.

Auch in Sigmaringen gebe es mit Gutenstein im Donautal einen badischen Teilort. Das erkenne man an zwei Dingen: Zum einen an den badischen Fahnen in den Fenstern, zum anderen habe Gutenstein die höchste Kneipendichte aller Teilorte von Sigmaringen.

»Da allerdings gab es keine Revolution, weil es eben zu Sigmaringen gehört«, erklärte der Oberbürgermeister. »Und in Sigmaringen ticken die Uhren anders.«

Er musste es wissen, schließlich war er zuvor Bürgermeister in Sigmaringen gewesen.

So sind sie halt, die Badener: Revolution und Kneipendichte gehen oft Hand in Hand.

Auch wir mussten jetzt gehen. Schließlich wollten wir die schwarz-rot-goldene Fahne inspizieren, eine der ältesten noch erhaltenen Originalfahnen aus der Zeit der Revolution.

»Wie wäre es mit einem gemeinsamen Foto?«, fragte Oberbürgermeister Rapp.

Das war eine gute Idee, allerdings hing die Fahne ziemlich hoch. Wie sollten Oberbürgermeister, Fahne und Badener gemeinsam aufs Bild kommen?

»Kein Problem«, meinte Herr Rapp. »Man reiche mir einen Tisch!«

Ein solcher war schnell herbeigeschafft. Federnden Schrittes sprang der OB auf den Tisch, wir folgten ihm gleichermaßen. Über uns hing die historische Deutschlandfahne, darunter strahlten wir in die Kamera, die Carolin Volkwein auf uns gerichtet hatte.

Ein Blick auf die Uhr verriet, dass wir uns sputen mussten. Das Smartphone hatte unlängst verkündet, dass der nächste Zug nach Sigmaringen in wenigen Minuten den Bahnhof verlassen würde, und nach einer herzlichen Verabschiedung ging es im Laufschritt durch die Innenstadt. Bei jedem Schritt ertönte das *Badnerlied* aus Matthias' Rucksack.

Zwei der Bahnhofs-Schalter waren geöffnet. Schalter eins war von einer kichernden Schar junger chinesischer Touristinnen umlagert. Der zweite wurde von einer Frau blockiert, die ungefähr drei Dutzend Fahrkarten mit wenig bekannten Fahrtzielen erwerben wollte. Sie warf uns einen entschuldigenden Blick zu. Einer Bahnmitarbeiterin schien nicht entgangen zu sein, dass uns die Verzweiflung ins Gesicht geschrieben stand, und so öffnete sie den Schalter der ersten Klasse. So sind sie halt, die Schwaben. Hilfsbereit. Und unkonventionell. In nahezu letzter Minute bestiegen wir den Regionalzug nach Sigmaringen.

Gastrotipp: *Humpis*

Das *Humpis* ist ein aus sieben Gebäuden bestehendes spätmittelalterliches Wohnquartier, in das auch die gleichnamige Schankwirtschaft integriert ist. Humpis war einst ein einflussreiches, schwäbisches Adelsgeschlecht.

Das urige Gasthaus Humpis liegt schräg gegenüber dem *Museum Ravensburger*. Es bietet schwäbische und internationale Küche und verfügt über eine wechselnde Wochenkarte. Besonderheit: Ausgeschenkt wird unter anderem das *Humpis* Bier, ein naturbelassenes, trübes Exportbier der Brauerei *Farny*.

Humpis
Marktstraße 47
88212 Ravensburg

Zu Besuch bei Prinz Albrecht im Schloss Sigmaringen

Tino Berlin

»Heute Abend werdet ihr in Nazareth übernachten«, eröffnete uns Gabriele Loges, als sie uns am Bahnhof in Sigmaringen abholte.

»Das liegt nicht auf unserer Reiseroute«, gaben wir zu bedenken.

»Das *Haus Nazareth* ist ein Kinderheim in Sigmaringen«, klärte uns Gabi auf.

»Und es verfügt über eine Gästewohnung«, fuhr sie fort. »Ihr könnt dort gerne nächtigen, ich habe alles mit dem Leiter der Einrichtung, Werner Geißler, geklärt.«

Auch für ein Mittagessen in einem angesagten Lokal hatte Gabi gesorgt, eine kostenlose Führung im Hohenzollern-Schloss war organisiert, und am Abend waren wir zum traditionellen Empfang im Schloss eingeladen, der im Anschluss an den Fidelisumzug stattfinden sollte. Prinz Albrecht sei zu unserer Unterhaltung selbstverständlich auch vor Ort, meinte Gabi.

Etwas anderes hatten wir auch nicht erwartet.

Eines war klar, unsere rührige Schriftstellerkollegin Gabriele Loges hatte an alles gedacht. Zunächst führte sie uns zum *Hoftheater*, einer einmaligen kulturellen Institution. Martin Robben, der Betreiber des *Hoftheaters,* begrüßte uns mit einem Lächeln auf den Lippen, als wir den neoklassizistischen Bau betraten. Das Foyer erinnerte in seiner Ausstattung allerdings eher an die 1950er Jahre. Das originale, nierentischförmige Kassenhäuschen passte perfekt zu den Wandreliefs aus Gips, die zwei Tänzerinnen in Tutus sowie einen Tänzer darstellten. Selbst die Möbel schienen sich über die Jahrzehnte hinweg erhalten zu haben, und wir erwarteten, dass jeden Moment die junge Cornelia Froboess und Peter Kraus um die Ecke kamen, um gemeinsam *Sugar Baby* zu trällern.

Das *Hoftheater* existiert seit den 1820er Jahren und wurde 1954 aufwändig renoviert. Zur feierlichen Neueröffnung wurde damals der »große deutsche Farbfilm *Feuerwerk*« mit Lili Palmer und Romy Schneider in den Hauptrollen gezeigt. Besondere Erwähnung fand seinerzeit in der *Schwäbischen Zeitung*, dass Weltstar Lili Palmer das Lied *Oh mein Papa* zum Besten gab. Versunkene Welten.

Es blaut so blau: der Himmel über Sigmaringen.

Hübscher Schreibtisch im Schloss Sigmaringen.

Wie immer erzählten wir von unserer Tour durch Schwaben, von den nächsten Zielen unserer Reise ins Ungewisse. Noch hätten wir keine Bleibe in Ulm, erklärten wir Martin Robben, und auch zwischen Stuttgart und Lauffen am Neckar waren wir noch nicht versorgt. In Ulm kenne er niemanden, antwortete Martin, doch er habe in Gemmrigheim einen guten Bekannten, der uns eventuell auf der Etappe ein Zimmer bereitstellen könne. Ein Telefonat, und wir hatten ein Problem weniger. Michael Kopp würde uns am 30. April für eine Nacht beherbergen. Außerdem sei er Winzer und keltere exquisite Weine. Unsere Vorfreude wuchs sogleich.

Im Foyer wurde es allmählich lebendiger. Auf dem Programm stand heute der Film *Italy – love it or leave it,* und die ersten Besucher drängten sich an der Theke, bestellten Getränke oder unterhielten sich, bis die Vorstellung begann. Ich betrat den Kinosaal. Ein Blick in eine andere Welt tat sich auf, kein Vergleich zu modernen Multiplexkinos mit ihrer Einheitsarchitektur. Ich erblickte eine hohe weiße Decke, golden verkleidete Balkone, getragen von Säulen, und ungezählte Reihen von gediegenen Kinostühlen, bezogen mit rotem Stoff. Vor der Leinwand, die von schweren Vorhängen eingerahmt war, warteten Gäste in bequemen Sitzen auf den Beginn des Filmes. Ich wollte mich gerade auf einem der Stühle niederlassen, als Gabi eintraf, um uns zur Schlossführung abzuholen. Beinahe im Laufschritt ging es den Berg hinauf, wo das Schloss der Hohenzollern thronte. Je mehr wir uns dem monumentalen Gebäude näherten, umso mehr verstärkte sich bei mir der Eindruck, dass das Schloss in seinen Ausmaßen und seiner architektonischen Ausgestaltung die Stadt Sigmaringen beherrscht. Beinahe könnte man sagen, das Schloss *ist* die Stadt.

Für Matthias und mich war es nicht die erste Führung im Sigmaringer Schloss, doch die vielfältige Geschichte seiner Bewohner lädt zu immer neuen Entdeckungen ein. Die Räume, durch die wir geführt wurden, waren zwar stets die gleichen, die Akteure und Epochen jedoch wechselten bei den geführten Rundgängen. Eine bemerkenswerte Fußnote der Geschichte ist, dass der Nazi-Kollaborateur und Führer der Vichy-Regierung, Marschall Philippe Pétain, am Ende des Zweiten Weltkrieges das Schloss zum Sitz der französischen Exilregierung ernannt hatte. Doch davon erfuhren wir dieses Mal nichts, heute tauchten wir noch tiefer in die Geschichte ein. Ein anderes Jahrhundert wartete auf uns, und so sahen wir uns zurückversetzt in die Zeit der Amalie Zephyrine von Hohenzollern (1762–1831), die hier einen Teil ihres Lebens verbracht hatte. Es war ein kurzes Intermezzo im Leben der Amalie Zephyrine, einer Freundin von Napoleons Frau Josephine. Die Adlige war nicht bereit, die Enge und soziale Kälte im Hause Hohenzollern zu ertragen, und so floh sie, verkleidet als Mann, ins ferne Paris.

Gabi zeigte auf ein Gemälde der jungen Fürstin, das mir bei den letzten Besichtigungen in den opulent ausgestatteten Räumen nicht aufgefallen war. Ich musste zugeben, dass ich von dieser Dame noch nichts gehört hatte. Nun war eine weitere Bildungslücke geschlossen. Gabriele Loges ist eine ausgewiesene Kennerin der Adligen. Ihr Roman *Paris, Sigmaringen oder Die Freiheit der Amalie Zephyrine von Hohenzollern* ist bereits in der zweiten Auflage erschienen und ein beachtenswertes Werk.

Eindrucksvoll war sie, die neuerliche Führung durch die Räume des Schlosses. Unserer finanziell angespannten Lage zum Trotz entschloss ich mich als inoffizieller badischer Finanzminister, der jungen Schlossführerin 2,40 Euro als Trinkgeld zukommen zu lassen. Wir wollten ja nicht als geizige Badener auffallen.

Ein Gefühl des Hungers kündigte sich an, aber Gabi hatte bereits alles arrangiert.

Das Restaurant, in das sie uns führte, hieß *Soul Kitchen* und war nur wenige Schritte vom Schloss entfernt. *Soul Kitchen*, bei diesem Namen war mir sofort der gleichnamige Song der *Doors* aus dem Jahr 1967 in den Sinn gekommen. Das Interieur des Restaurants passte dazu.

Wir saßen unter einer überdimensionierten Lampe aus zahllosen Kunststoffblumen im Stil der Sechziger. Das *Soul Kitchen* war geschmückt mit psychedelischen Motiven von Jimi Hendrix, Audrey Hepburn und anderen Ikonen dieser Zeit, kleine Scheinwerfer warfen bunte Lichter an die Wand.

Kerim Sahin, der gelernte Koch und Inhaber des Lokals, hatte eindeutig eine künstlerische Ader und ein Faible für den Stil der 1960er Jahre. Wie sich herausstellte, hatte er bei der Namensgebung des Restaurants allerdings eher an die gleichnamige Filmkomödie von Fatih Akin gedacht als an die *Doors*.

Kerim Sahin erfreute uns mit »Mantil«, den türkischen Maultaschen. Diese handgefertigten, mit Lammfleisch gefüllten Teigtaschen ähneln in Aussehen und Geschmack den schwäbischen Maultaschen. Allerdings sind sie dramatisch kleiner, was den Vorteil hat, dass man deutlich mehr »Täschle« zu sich nehmen kann, als das bei normalen Maultaschen der Fall ist.

Wir hatten gerade die letzte Gabel Mantil zu uns genommen, als durch die offene Tür des Restaurants der Duft von Weihrauch wehte.

Das *Fidelisfest* war in vollem Gange. Neugierig strebten Gabi, Matthias und ich zur nahen Kirche, wo wir feststellten, dass sich der Gottesdienst dem Ende zuneigte. Wir warfen einige Blicke in den Innenraum der Kirche. Nicht nur die Bänke waren besetzt, auch auf dem Zwischengang und im Foyer drängten sich die Gläubigen bis hinaus auf die Straße. Wir vernahmen gerade noch die letzten Worte des Pfarrers. Nach einem abschließenden Segensspruch strebten die Besucher des Gottesdienstes auf die Straße. Die Pracht der illuminierten Barockkirche, das Läuten der Glocken und die ausgelassene Stimmung der Festbesucher verfehlten selbst bei mir, der ich eher protestantisch geprägt bin, ihre Wirkung nicht. Ein Zauber hatte mich erfasst.

Weihrauchtrunken schlossen wir uns der Prozession an, die sich den Berg hinaufschob und dem Schloss zustrebte. Vorneweg die

Prinz Albrecht von Hohenzollern huldigt den Massen.
Oder umgekehrt.

kirchlichen Würdenträger, junge Menschen in weißen Gewändern, die riesige Kreuze vor sich hertrugen, es folgten die Bevölkerung, wir, die beiden Badener, und natürlich Gabi. Gemeinsames Ziel war die *Portugiesische Galerie*, ein Festsaal, der an diesem besonderen Feiertag für die Sigmaringer geöffnet war.

Der Saal strotzte vor Prunk: ein gewaltiger Spiegel, Stuckdecken, Kristallleuchter, Parkettboden, ein reich gedecktes Buffet, das von festlich gekleideten Menschen umlagert war, die sich angeregt plaudernd mit Sektgläsern zuprosteten. An den Wänden erblickten wir wertvolle Gobelins, überlebensgroße Statuen säumten die Halle. Beinahe wähnten wir uns in einer Kulisse aus einem Sissi-Film.

Schlagartig wurde es still: Prinz Albrecht von Hohenzollern war erschienen. Der Prinz hatte das Volk von Sigmaringen geladen und beabsichtigte, eine Rede zu halten. Gemessenen Schrittes setzte er einen Fuß vor den anderen und wandelte die mit einem roten Teppich ausgelegte Treppe hinauf. Im Hintergrund plätscherte würdevoll ein Brunnen. Mit staatsmännischer Miene blickte der Prinz auf uns herab. Da wir, die beiden Badener, als Letzte den Saal betreten hatten, standen wir in der ersten Reihe. Dort, wo sich die Prominenz versammelt hatte, war die Sicht ausgezeichnet, und wir konnten der Rede des Adeligen bestens folgen. Sehr schnell kamen wir im Anschluss mit den Anwesenden ins Gespräch, und so unterhielten wir uns mit dem Pfarrer, dem Bürgermeister der Stadt Sigmaringen Thomas Schärer und seiner Gattin. Letztere wurde von ihrem Mann sofort dazu verdonnert, uns am kommenden Tag ein reichhaltiges Frühstück anzubieten. Sie ergab sich kampflos.

Der Empfang war sehr lehrreich. Als wir die Gäste des Prinzen von Hohenzollern fragten, ob sie Schwaben seien, reagierten sie entsetzt, beinahe empört.

»Ganz im Gegenteil«, bekamen wir zu hören. »Die Sigmaringer sind absolut keine Schwaben, sondern Hohenzollern.«

Dies erkenne man schon am Landeswappen von Baden-Württemberg. Der Hirsch stehe für Württemberg, der Greif für Baden und die drei Löwen für Hohenzollern.

Vor den Toren des Hohenzollern-Schlosses.

Was die Landeskunde betraf, so wurden wir immer gebildeter. Die Wangener waren auch keine Schwaben, sondern Allgäuer, hatten wir gelernt. Die Ravensburger waren eigentlich die Badener von Schwaben, weil sie an der Revolution teilgenommen hatten, und die Sigmaringer keines von alledem, sondern ein ganz eigener Stamm. Wir hofften, spätestens in Ulm auf »echte« Schwaben zu treffen.

Nachdenklich fuhren wir zurück zum *Haus Nazareth*. Werner Geißler, der Leiter dieser sozialpädagogischen Einrichtung, hatte sich unser angenommen.

»Ihr werdet schon noch Schwaben finden«, tröstete er uns.

»Morgen«, sagte er, »ist ein neuer Tag.« Dann fielen wir in unsere Betten.

Sankt Fidelis

Im Jahre 1578 wurde in Sigmaringen Markus Rey (auch Markus Roy) geboren, der 1746 unter Benedikt XIV. als Märtyrer heilig gesprochen wurde.

Markus Rey trat 1612 dem Kapuzinerorden bei, wo er den Ordensnamen »Fidelis« (der Treue) erhielt.

Sein Weg als Kapuzinermissionar führte ihn von Feldkirch nach Graubünden. Dort war es zu konfessionellen Auseinandersetzungen gekommen, die durch politische Spannungen verstärkt worden waren.

Als Fidelis im Jahre 1622 in einer Kirche in Seewis predigte, drangen bewaffnete Bauern in das Gotteshaus ein, es kam zu einem Tumult. Fidelis verließ daraufhin alleine die Kirche. Auf dem Heimweg wurde er von aufständischen Bauern ermordet.

Einer Legende zufolge soll aus Fidelis' Grab später eine wundersame Blume gewachsen sein.

Fidelis ist der Stadtpatron von Sigmaringen und von Feldkirch. In seinem Geburtshaus in Sigmaringen sind heute das Bezirkskantorat und die Caritas untergebracht.

Kulturtipp: *Hoftheater Sigmaringen*

Das Hoftheater diente ursprünglich ausschließlich als Theater – wie der Name schon sagt. Nach einer wechselvollen Geschichte wurde es im Jahre 2012 unter der Leitung von Martin Robben neu aufgestellt. Ein abwechslungsreiches Programm, das neben Kinofilmen auch Lesungen, Puppentheater, den Sigmaringer Krimifrühling und Multimedia-Shows anbietet, zieht kulturell Interessierte aus der gesamten Region an.

Hoftheater Sigmaringen
Fürst-Wilhelm-Straße 40
72488 Sigmaringen
www.hoftheater-sigmaringen.de

Gastrotipp: *Soul Kitchen*

Das Restaurant Soul Kitchen liegt wenige Schritte vom Hoftheater entfernt und bietet eine kontrastreiche Auswahl an Speisen: Schwäbischer Rostbraten, türkische Maultaschen, Entenbrust mit Bulgur-Risotto und Lavendelsoße sowie verschiedene vegetarische Gerichte. Hinzu kommen ausgewählte Vor- und Nachspeisen, außerdem eine Getränkekarte mit diversen Cocktails als Spezialität.

Kerim Sahin, der Inhaber des Restaurants, legt Wert auf Qualität, und so zitiert er gerne Goethe: »Kein Genuss ist vorübergehend, denn der Eindruck, den er hinterlässt, ist bleibend.«

Soul Kitchen
Fürst-Wilhelm-Straße 38
72488 Sigmaringen
www.soulkitchen-sigmaringen.de

Vom großen Schloss ins kleine Schloss

Matthias Kehle

Schwaben hatten wir auf unserer Tour bis jetzt noch keine getroffen. Dafür aber jede Menge Allgäuer, Oberschwaben und Hohenzollern. Und dass die Hohenzollern uns – auch nach mehreren Anfragen – nicht in ihrem Schloss haben übernachten lassen, wunderte uns nun nicht mehr. Schließlich ziehen die Sigmaringer vor ihrem Fürsten noch den Hut, und dieser veranstaltet einmal im Jahr großzügigerweise ein Fest oder genauer einen Umtrunk für die Bürger der Stadt, die hinaufsteigen, das Schloss besuchen und ihm huldigen dürfen. Für uns kleine Schriftsteller aus Baden ist kein Platz in dem großen Schloss, jedenfalls kein Schlafplatz.

In unserer Wohnung im *Haus Nazareth* schliefen wir kurz, aber fürstlich. Wir frühstückten an diesem 25. April zusammen mit einigen Gästen aus der Schweiz, die am Tag zuvor als hohe Geistliche beim *Fidelisfest* dabeigewesen waren. Schwester Beate, eine freundliche Nonne, war amüsiert über unsere merkwürdige Tour.

Um halb elf wollte uns die Bürgermeistersgattin abholen, genügend Zeit also für eine Führung durch das Gelände des *Hauses Nazareth*. Schon seltsam, wo man bei unserer Art zu reisen überall landet.

Das erzbischöfliche Kinderheim wurde 1859 gegründet, um Waisen eine Heimat zu geben. Heute ist es ein »modernes soziales Dienstleistungsunternehmen mit vielen Jugendhilfeangeboten«. Hinter der nüchternen Formulierung verbergen sich harte Schicksale. So gibt es Kinder, die kaum »beschulbar« sind, sich nicht konzentrieren können und nur für eine Beschäftigungstherapie in Frage kommen. Für sie wurde zum Beispiel eine Halle mit Kletterwänden eingerichtet. Es sind hier auch schon Kinder aus Afrika aufgenommen worden, junge »Boat People«, die erleben mussten, wie ihre Geschwister vom übervollen Boot ins Mittelmeer stürzten und ertranken. Sie bleiben ihr Leben lang schwer traumatisiert.

Wie privilegiert wir reisten, wurde uns erst recht bewusst, als uns die Gattin von Bürgermeister Schärer zum zweiten Frühstück abholte. Von ihrem Garten aus hatten wir einen guten Blick zum Haus unseres Landesvaters Winfried Kretschmann. Den Ministerpräsidenten zum Hochhalten der badischen Fahne zu bewegen, das war ein neues Ziel, das wir noch nicht auf unserem Schwaben-Tournee-Plan hatten! Die Idee war uns nun spontan gekommen.

Inzwischen waren wir kleine Stars in Oberschwaben. Wiederholt klingelte mein Handy, ständig interviewten uns Hörfunk und Zeitungen. Tino führte die Radio-Interviews (er hat eine noch schönere Stimme als ich), ich übernahm die Zeitungen – eine perfekte Arbeitsteilung.

Frau Schärer fuhr uns zum nächsten Treffpunkt vor das Hoftheater. Hier warteten wir auf eine Journalistin. Wir waren zu früh, ich versuchte, bei zwei Cafés Heißgetränke zu ergattern. Ich fürchtete, dass meine »Bettel-Show« für die echten Schwaben, die uns gewiss in Stuttgart oder Tübingen erwarteten, noch nicht perfekt war. Leider scheiterte ich, und das, obwohl Tino zwei Zeitungsausschnitte auf den Tresen legte. »Nein, wir spendieren keinen Kaffee. Auch nicht an Badener ohne Geld.« Ob sie denn Schwäbin sei? »Schwäbin? Gott bewahre! Ich komme aus *Piep*«, bekamen wir zu hören. »Siehst du, wäre die Chefin eine Schwäbin, hätten wir einen Kaffee bekommen«, sagte Tino. »Du musst die Menschen zuerst fragen, ob sie Schwaben sind. Falls ja, kannst du weitermachen, ansonsten können wir gleich weitergehen.«

Die Journalistin erinnerte mich an Janis Joplin. Sie trug einen breitkrempigen Hut und eine Riesensonnenbrille. Auf ihrer Jacke prangten Dutzende von Buttons von *The Beatles* bis *Oben bleiben.* Wir mieden die beiden Cafés, bei denen wir eben kein Glück gehabt hatten, und ließen uns von ihr zu einem Pfefferminztee und einem Wasser einladen. Bescheiden, denn wir wissen, wie wenig freie Journalisten verdienen.

Ein Foto, auf dem Tino und ich am Straßenrand stehen und den Daumen sowie die badische Fahne in die Luft halten, war tags darauf in der Zeitung abgebildet.

Nach Riedlingen – unser nächstes Ziel – waren es 20 Kilometer. Doch mit dem Trampen wurde es nichts, das Foto, das die Journalistin schoss und das in der Zeitung zu sehen war, war also ein Fake, eine Inszenierung. Beim Marsch zu einer strategisch günstigen Stelle am Straßenrand kamen wir an einer Buchhandlung vorbei. Wir schauten uns an: Es war 13 Uhr, vielleicht arbeitete eine der Buchhändlerinnen nur halbtags und hatte Lust, uns nach Riedlingen zu fahren? Die Dame hinter der Kasse strahlte uns an, denn sie kannte uns aus der Zeitung. »Und heute Morgen habe ich Sie im Radio gehört«, sagte sie. Leider musste sie bis abends arbeiten. Im Hintergrund saß jedoch ein Herr mit Baskenmütze und blätterte in einem auffallend großen Buch. Er stand auf und meinte: »Na, dann kommt mal mit.« Erstaun-

Badische Scheuer in Riedlingen

Wer in Württemberg nach badischen Spuren sucht, wird in Riedlingen fündig. Dort steht die so genannte Badische Scheuer. Seit dem 13. Jahrhundert war sie Eigentum des Konstanzer Domkapitels. Mit der Säkularisation fiel das Gebäude an das Großherzogtum Baden – daher der Name. Bis 1845/46 gehörte das Gebäude zum fürstlich fürstenbergischen Rentamt Neufra, später wurde es in unterschiedlicher Weise genutzt. Seit 2013 ist die Badische Scheuer in Privatbesitz. Das nebenan befindliche Feuerwehrmuseum soll hier zusätzliche Räumlichkeiten erhalten.

lich, dass wir Herren im gesetzten Alter von allen gleich mit »Du« angesprochen wurden.

Der Mann mit Baskenmütze war Klaus Volk, und er hatte Zeit. Viel Zeit, denn er hatte Urlaub. Für uns war er ein Glücksfall, denn wir bekamen von Oberschwaben mehr zu sehen als wir erwartet und geplant hatten. Außerdem ist Klaus Künstler – und Lebenskünstler. Als Leiter des Jugendzentrums in Sigmaringen hatte er sofort unsere Sympathie, denn Tino und ich haben uns vor vielen Jahren in einem Jugendzentrum in Ettlingen kennengelernt. Beide langhaarig und mit einem seltsamen Musikgeschmack – wir hörten *Curved Air* oder *Beggars Opera*. Tino schwärmte für die blonden Mädchen, ich für die brünetten. Jaja, so war das. In seinem »früheren Leben« war Klaus Schauspieler gewesen, unter anderem war er an den Schauspielhäusern in Hamburg und Göttingen tätig gewesen, außerdem hatte er in mehreren ARD-Fernsehfilmen mitgespielt, etwa in *Geschichten von nebenan* und *Die Pauschalreise.* Das Schicksal hatte ihn Anfang der 1990er Jahre wieder nach Sigmaringen verschlagen, wo er seitdem mit Leidenschaft und als »Multiplikator für Menschlichkeit« das Jugendhaus und viele Projekte mit Kindern und Jugendlichen betreut. Nun hatte er also zwei in die Jahre gekommene Jugendliche aufgesammelt und kutschierte sie von Sigmaringen über Umwege nach Riedlingen. Anfangs hielt er uns für zwei Oberstudienräte, die noch einmal ausbrechen und spüren wollten, dass sie noch keine alten Säcke sind. Midlife-Crisis-Kandidaten, die etwas Originelleres unternehmen wollten, als mit einer Harley durch die Gegend zu tuckern oder mit einer dramatisch jüngeren Blondine aus einer langweiligen Ehe auszubüxen.

Wer auf unsere Art reist, muss damit rechnen, jeden Tag etwas Unvorhergesehenes zu erleben. Vielmehr darf er damit rechnen. Wir hatten einen kontrastreichen und nachdenklichen Nachmittag vor uns. Klaus fuhr mit uns zum Ernst-Jünger-Haus in Wilflingen und erzählte uns kleine Geschichten. Er habe Jünger noch kennengelernt, als dieser schon um die hundert Jahre alt gewesen war. Sonderlich beliebt sei der Schriftsteller und Käfersammler in Wilflingen nicht gewesen. Und so kam es, dass er bei einem Dorffest stürzte und sich niemand um ihn kümmerte. Außer Klaus, der ihm den blutenden

Finger verband. Klaus führte uns in Jüngers Garten. Bescheiden habe Jünger hier gelebt, nicht in Saus und Braus, wie die altehrwürdige Villa suggeriere. Im Garten war noch jene Badewanne eingegraben, neben der sich der greise Autor fotografieren ließ, in der Gartenlaube nahm Klaus Fotos von uns auf. Seit Jüngers Tod im Jahr 1998 ist der Garten nahezu unverändert geblieben. Fast schien es, als könnte der prominente Kollege gleich aus seinem Stauffenberg'schen Forsthaus treten, einem Barockbau aus dem Jahr 1728, und uns zu einem Glas Wein einladen. Im nahe gelegenen Gasthaus *Löwen* war Ernst Jünger einst Stammgast. Klaus hat ihn hier ab und an getroffen, und angeblich verspeiste Jünger dort noch im zarten Alter von hundert Jahren eine ganze Schlachtplatte, sein Lieblingsessen. Überhaupt sind von Ernst Jünger zahlreiche Anekdoten überliefert. Etwa, dass er jeden Morgen ein kaltes Bad genommen habe, oder dass er noch wenige Jahre vor seinem Tod in seinem Haus stets an der gleichen Stelle Seil gehüpft sei. Was zu einer markanten Delle im Fußboden geführt haben soll.

Grimmige Maria in Wilflingen.

Am Himmel türmten sich Gewitterwolken, als wir vor dem Familiengrab der Jüngers, ausgerechnet am Grab des Autors von *In Stahlgewittern*, über den Krieg auf der Halbinsel Krim und der Ukraine philosophierten. »Der nächste Weltkrieg wird nur 20 Minuten dauern«, sagte Klaus. Die Angst davor, dass der jeweils andere schneller sein könne als man selbst, sei das Gefährliche an den Atomwaffenarsenalen. Unsere Stimmung schwankte zwischen bedrückt und melancholisch. Ernst Jüngers Todestag fiel auf meinen Geburtstag. Uns

Die Hängenden Gärten von Neufra. Rechts das kleinste Schlosshotel.

wurde bewusst, wie kurz das Leben ist, selbst wenn man Jüngers Alter erreicht, und schließlich bewegte uns der Gedanke an einen Krieg in Europa.

Wer den Friedhof von Wilflingen besucht, sollte auch einen Blick in die kleine Kapelle davor werfen mit ihrer grimmig dreinschauenden, sehr volkstümlichen und farbenfrohen, ja »knalligen« Maria.

Weil wir im weiteren Verlauf noch viel über Klöster erzählen werden, sei der Abstecher ins ehemalige Nonnenkloster Heiligenkreuztal kurz vor Riedlingen nur deshalb erwähnt, weil Klaus uns in den Andachtsraum *Helenakapelle* führte.

Man muss sich auskennen, um diese sehr moderne Gebetsstätte zu finden. Strenge, graugrün lackierte Holzstühle standen entlang der Wände, ein grober Altar thronte in der Mitte. Wir ließen den Raum auf uns wirken. Einerseits spürte ich ein beklemmendes Flair wie in einem Bunker; ich assoziierte andererseits aber auch König Artus und seine Tafelrunde. Das Licht, das spärlich durch ein vergittertes Fenster mit Rundbogen fiel, erzeugte eine fast orientalische Stimmung.

In schönster Frühlingspracht stand der Klostergarten mit seinen uralten Obstbäumen. Nach der düsteren Kapelle fühlten wir uns erleichtert. Bis Klaus von den Nonnen berichtete, die hier gänzlich unberührt vom weltlichen Leben und von Männern herein- und nie wieder herauskamen.

Die Leichtigkeit des Daseins hatte uns wieder, als uns Familie Johannsen in ihrem Garten unterhalb von Schloss Neufra empfing. Mit Kaffee und Erdbeerkuchen, später mit schwäbischem Wurstsalat. Weshalb die Familie hier wohnt, sollte sie uns später erzählen.

Schloss Neufra und die Hängenden Gärten

Neufra mit seinem weithin sichtbaren Schloss und seinen Hängenden Gärten ist eine weniger bekannte Sehenswürdigkeit. Das Schloss selbst kann nicht besichtigt werden, da es in Privatwohnungen aufgeteilt ist. Hier lebte bis zu seinem Tod der Schriftsteller Werner Dürrson (1932–2008), der sich vor allem als Lyriker einen Namen gemacht hat. Kurz vor seinem Tod erschien der erschütternde Vater-Roman *Lohmann oder Die Kunst, sich das Leben zu nehmen*. Dürrsons Gedichte umfassen zeitgenössische, mitunter rätselhafte Lyrik bis hin zu heiteren Versen, etwa jenen:

autobrautlied

bald ras ich am neckar
bald ras ich am rhein
bald fisch ich ein mädchen
bald bin ich allein

bald ras ich am kocher
bald ras ich am main
erst lieb ich das mädchen
dann werf ichs hinein

Mit Familie Johannsen verband den Dichter eine langjährige Freundschaft. Zu jedem Geburtstag bekam Dürrson einen Kuchen vor die Tür gestellt. Ganz einig war er sich mit den Johannsens nicht immer, was botanische Fragen in den Hängenden Gärten betraf.

Erbaut wurde der historische Hängegarten von Graf Georg von Helfenstein mit Hilfe von über 200 Leibeigenen. Er hatte diese Art von Garten in anderen Ländern »abgeschaut«, Baubeginn war 1569. Es gab sehr praktische Gründe, weshalb er die Anlagen errichten ließ: Das Schloss und die Kirche stehen auf einem Berg, der viel Moränenkies und Wasser enthält. Durch den Garten, der auf begehbaren Gewölben und großen Mauern ruht, wurden Kirche und Schloss vor dem Abrutschen bewahrt. Von den sieben Gewölben sind drei zugänglich. Die Geschichte der Wiederherstellung des Gartens begann 1977, als Waltraud Johannsen, deren Mutter in einer Mietswohnung im Schloss Neufra wohnte, im Radio eine Sendung über den historischen Dach- und Terrassengarten hörte. Ab 1986 stellte sie zusammen mit dem Landesdenkmalamt, mit viel Eigenarbeit und ehrenamtlichen Helfern, den historischen Garten wieder her. Inzwischen übernimmt ihre Tochter Christiane nach und nach ihre Aufgaben.

Turm- und Gartenschenke und Kleinstes Schlosshotel

Es ist praktisch die private Küche der Familie Johannsen: »Wir kochen, was wir selbst gerne essen.«

Die große Gartenanlage bietet reichlich Kräuter für entsprechende Kräutergerichte. Beliebt sind außerdem die Käsespätzle und der

Gastrotipp: ***Turm- und Gartenschenke und Kleinstes Schlosshotel***

Stiftung historischer Hängegarten
Schlossberg 12
88499 Riedlingen-Neufra
www.haengegarten.de

Wurstsalat, ganz zu schweigen vom Apfelpfannkuchen nach Großmutters Rezept. Von einem Restaurant im klassischen Sinne kann freilich nicht die Rede sein. Wir fühlten uns jedenfalls wie bei einem Familienbesuch, bei dem die Gastgeberin es darauf angelegt hatte, den besten Wurstsalat der Welt zu machen. Für den Vegetarier Klaus gab es Käsesalat.

Ob es nun das kleinste Schlosshotel Baden-Württembergs, Deutschlands oder der Welt ist, hat Familie Johannsen nie überprüft, jedenfalls bezogen Tino und ich hier Quartier, und zwar im mehrstöckigen Turmzimmer. Tino durfte ins Himmelbett, ich zog eine Etage tiefer. Herrlich ist der Blick über die Hügellandschaft Oberschwabens, und natürlich ist es ein Muss, durch die Gärten zu flanieren.

Das »Kleinste Schlosshotel« hat vier Zimmer mit neun Betten, davon sind vier im Turm und fünf im alten Rentamt, also dem ehemaligen Finanzamt. Reservierungen werden empfohlen.

Die Übernachtung in Neufra gab es für uns nicht ganz umsonst. Christiane Johannsen verdonnerte uns zu einer sehr speziellen Lesung

- **So lässt sich's ruhen: Tino im Himmelbett des kleinsten Schlosshotels.**

in der *Ulrich'schen Buchhandlung* in Riedlingen. Da sich kurz vor Beginn nur ein spärlicher Besuch abzeichnete, lud der gelernte Schauspieler Klaus Volk Passanten ein – mit großem Erfolg! Die Buchhandlung war fast voll besetzt, als wir zu lesen begannen. Wir mussten schwäbische Gedichte vortragen – logischerweise. Den schwierigeren Part hatte Tino, denn er sollte Texte von Michel Buck (1832–1888) lesen. Selbst hartgesottene Schwaben verstanden kein Wort. Was auch daran lag, dass Tino mehr Tränen lachte als identifizierbare Vokabeln herausbrachte – Suaheli lag ihm näher als das Schwäbisch des 19. Jahrhunderts. Sogar Klaus Volk hatte damit seine Schwierigkeiten, als er Tino erlöste und die Gedichte tatsächlich in echtem Schwäbisch rezitierte.

Am Kinderbrunna

D Brunnastubathür ischt offa,
S lockig Büable siehts und lacht,
Däaffs doch endle au môl hoffa,
Daß es d Kindla sieht, wo z Nacht
D Hebamm äll der Muatar hollat
Ussam Brunna, wia ma' sait,
Und in rauti Fätscha grollat
Zuanar nei' ins Kisse lait.
S Büable sieht a' Kind im Brunna,
Rausig, lockig, grad wia ear,
Jô, as sieht von hinta, vonna
Ganz akkrat wias Büable hear,
Ma' se dreha, schüttla, lacha,
D Zähnla blecka, gucka wild,
Geschtasa und Gsichter macha,
S ischt halt äll sei' Eababild.
Aber waih, wia thuats verhoffa!
Zmôl kriagt s Büable s Übergwicht,
S lockig Büable ischt versoffa –
Doch, gottlob, nu' im Gedicht.

Michel Buck (1832–1888)

Die Wunder von Ulm

Tino Berlin

Am 26. April brachen wir nach Ulm auf, doch zunächst machten wir mit Christiane Johannsen und ihrem Freund einen kleinen Abstecher auf den Bussen. Matthias, der schon so manchen Berg bestiegen hatte, wollte es sich nicht entgehen lassen, den heiligen Berg der Schwaben zu besuchen.

Die Autofahrt von Neufra über Riedlingen zum Bussen dauerte nur wenige Minuten. Matthias bedauerte es, dass wir keine Alpensicht hatten. Daher machten wir uns, nach einem kurzen Blick in die Kirche, zurück auf den Weg nach Riedlingen. Wir gedachten, nach Ulm zu trampen, weshalb uns Christiane an der Bundesstraße Richtung Ulm aussteigen ließ.

Ich konnte mich nicht erinnern, wann ich das letzte Mal als Tramper unterwegs gewesen war. Bei Matthias war es so lange noch nicht her, letzten Dezember (!) nahm ihn ein Cabrio-Fahrer von Ettlingen nach Karlsruhe mit.

Da standen wir nun an der Ausfahrt einer Tankstelle und hielten abwechselnd den Daumen in die Luft. Matthias hatte die badische Fahne an einem Hinweisschild drapiert. Ich setzte das obligatorische

Bussen – der heilige Berg Oberschwabens

Unweit von Neufra erhebt sich der 767 Meter hohe Bussen, der »heilige Berg« Oberschwabens. Er gehört damit eher zu den kleineren Bergen in Baden-Württemberg, dennoch ist er als Landmarke weithin sichtbar. Berühmt ist seine Fernsicht zu den Alpen – auf dem Gipfel ist ein mehrere Meter langes Panorama des Ulmer Fotografen Gerhard Kolb installiert, das akribisch beschriftet die Berge zwischen dem Karwendel und dem Berner Oberland zeigt. Archäologen haben Hinweise auf eine germanische und keltische Kultstätte auf dem Berg gefunden. Die heutige Wallfahrtskirche wurde erstmals im Jahr 805 erwähnt. Vielleicht reicht sogar die Bitte um ein »Bussakindla« bis in die keltische Zeit zurück. Heute noch pilgern junge Paare sonntags mit der Bitte um Nachwuchs auf den Bussen. Auch das Gnadenbild in der Wallfahrtskirche Sankt Johannes Baptist auf dem Bussen wird gerne von Pilgern besucht. Es handelt sich dabei um eine Pietà-Figur aus der Zeit um 1585.

Historiker vermuten rund um den Bussen die Überreste eines römischen Kastells, die es noch zu finden gilt. Grund für die Vermutung: Die Entfernung zwischen den bekannten Garnisonen Mengen und Emerkingen ist für einen Tagesmarsch zu weit – zwischen Straßburg und Augsburg verlief im ersten Jahrhundert nach Christus die »Donausüdstraße«, eine wichtige Fernverbindung, die auf der flachen Südseite des Bussens verlief. Der Aussichtsturm, der heute noch auf dem Gipfel steht, ist der Bergfried einer staufischen Reichsburg. Später ging die Burg an die Veringer und an die Habsburger. Im Dreißigjährigen Krieg wurde sie durch schwedische Truppen zerstört (1633).

Tramperlächeln auf, wie ich es einst als Jugendlicher gelernt hatte, und blickte den Autofahrern ins Gesicht. Manche der Fahrerinnen und Fahrer blickten stur geradeaus, andere lächelten höflich zurück und fuhren dennoch weiter. Doch es dauerte nicht lange, und ein

Messdiener auf dem Bussen.

Volvo, der mit einem Ehepaar besetzt war, hielt am Straßenrand. Die Scheibe wurde heruntergekurbelt.

»Nach Ulm?«, fragte Matthias.

»Illmenau in Thüringen«, antwortete der Fahrer. »Aber kein Problem, steigt ein. Die Richtung stimmt ungefähr, wir fahren euch nach Ulm, ihr zwei Badener.«

Die beiden hatten uns tatsächlich anhand unserer Fahne identifiziert, sie hatten die Reportage der Sigmaringer Janis-Joplin-Journalistin gelesen.

»Nach Ulm ist es zwar ein kleiner Umweg«, sagte der Ehemann, »aber das ist kein Problem.«

Matthias und ich machten es uns auf dem Rücksitz des Volvo gemütlich und kamen mit dem Ehepaar ins Gespräch. Wir unterhielten uns über Thüringen, wo die Tochter der beiden studierte, und über unsere bargeldlose Reise quer durch Schwaben. Ehe wir uns versahen, waren wir in Ulm. Mitten in der City, unweit des Münsters, ließen uns die beiden aussteigen. Ein idealer Ausgangspunkt für weitere Abenteuer.

Blick auf das Ulmer Münster vom Münsterplatz aus.

»Unsere Tour ist harte Arbeit«, sagte Matthias, als wir unsere Rucksäcke schulterten.

»Sie werden nicht erwarten, dass mir die Tränen kommen«, entgegnete der Mann lachend, dann überließ er uns dem Schicksal.

In gewisser Weise hatte Matthias recht, es wartete tatsächlich harte Arbeit auf uns. Wir hatten noch keine Übernachtungsmöglichkeit in Ulm, und wir hatten Hunger. Anders als in Sigmaringen kannten wir hier auch keine Gabi, die uns helfen konnte.

Es ist überraschend, wie sich der Blick auf die Welt ändert, wenn man mittellos ist. Plötzlich gehörten wir einer anderen »Kaste« an.

Den alten Spruch »Kleider machen Leute« konnte man allenfalls im übertragenen Sinne in Anspruch nehmen. Wir sahen alles andere als abgerissen aus. Durch das großzügige Sponsoring des Outdoorladens *Basislager* in Karlsruhe, der uns mit Jacken und Schuhen ausgestattet hatte, sahen wir sogar ausgesprochen gepflegt aus. Auch durch Sprache und Auftreten unterschieden wir uns von echten Wohnsitzlosen, wir waren »Luxuswohnsitzlose«. So konnten wir das Dilemma, in dem wirklich sozial Benachteiligte steckten, allenfalls erahnen.

Dennoch war es eine Tatsache, dass wir, abgesehen von den paar Euro, die wir in Wangen und Ravensburg erwirtschaftet und noch nicht ausgegeben hatten, kein Geld mit uns führten.

Mir fiel ein Luftballonkünstler auf, ein Mann mittleren Alters mit wettergegerbtem Gesicht. Mit geschickten Handgriffen knetete er aus Ballons Teddys oder Hunde. In der Hoffnung, der eine oder andere würde ihm eine der Figuren abkaufen, sprach er die Passanten mit den immer gleichen Worten an. Vorbeieilende Menschen, gleichgültige Gesichter, Ablehnung. Wir gingen weiter, vorbei an Mode-Punks, die vor einem Kaufhaus auf dem Boden saßen und ihre Jugend vor leeren Pappbechern von *McDonald's* verbrachten. Nicht einen Cent schienen sie bislang bei ihrer Sammelaktion eingenommen zu haben. Der Ghettoblaster spielte *Slime* und *The Clash*. Der Schriftzug auf einer der Lederjacken der Jugendlichen behauptete trotzig, dass Punk nicht tot sei.

Wenige Schritte weiter saß eine Frau, eine Südländerin. Mit schöner Stimme sang sie unbekannte Lieder in einer unbekannten Sprache in einer ihr fremden Stadt. Ihre melancholische Stimme war wirklich wunderschön.

Wir überquerten den Münsterplatz, wo reges Markttreiben herrschte. Wir gingen an übervollen Käsetheken vorbei, Obststände lockten mit polierten Äpfeln, Bratwurstbuden verströmten ein verlockendes Aroma. Alles war so nah und doch so fern für uns. Unsere wenigen Münzen hätten für eine Banane gereicht. Allerdings hatten wir zunächst andere Prioritäten, das Essen musste warten. Zunächst mussten wir uns um eine Unterkunft kümmern und erhofften Hilfe vom Touristikamt, sozusagen als kleines Wunder

»Dann werde ich mal wieder mein Sprüchlein aufsagen«, seufzte Matthias. Das tat er auch, wenn auch in modifizierter Form. Wir seien Badener, erklärte er der Dame vom Touristikbüro. Badener und darüber hinaus mittellos, deshalb benötigten wir ein Dach über dem Kopf.

Die Dame zog eine Augenbraue hoch und blickte uns geringschätzig an. Die Botschaft unserer Unternehmung war offensichtlich nicht bei ihr angekommen, auch nicht, als wir ihr verrieten, dass wir ein Buch schrieben. Um ihrer ersten nonverbalen Reaktion die Schärfe zu nehmen, reichte sie uns einen Stadtplan von Ulm. »Hier sind die

Hotels eingetragen«, sagte sie in unterkühltem Tonfall. »Wenn Sie vielleicht vor Ort nach einem Zimmer fragen wollen?«

Wir wollten, bedankten uns artig und zogen mit unserer Trophäe hinaus in die pulsierende Stadt.

Wir beschlossen, der Reihe nach bei den Hotels vorzusprechen, die auf dem Stadtplan eingezeichnet waren. Der Zufall wollte es, dass wir an einem Stand der *Südwestpresse* vorbeikamen, an dem kostenlose Zeitungen verteilt wurden. Wir stellten uns vor, und erneut geschah ein Wunder – wir waren bereits bekannt. Vor ein paar Tagen hatte das Blatt über uns berichtet. Die dynamischen Werbeleute versorgten uns mit Häppchen. Mit winzigen schmackhaften Würstchen, Antipasti, geröstetem Toast und mit Mineralwasser. Wir erzählten, dass wir noch kein Hotelzimmer hätten. Gerne könnten wir unsere

Sehenswert: das schiefe Haus

Pisa hat seinen schiefen Turm, Ulm das schiefe Haus. Welches Bauwerk ist interessanter? Wir meinen, das »Schiefe Haus« im Fischerviertel, zumal man dort auch übernachten kann. Das »Schiefe Haus« stammt aus dem Jahr 1406 und wurde vom *Guinnessbuch der Rekorde* zum »schiefsten Hotel der Welt« erkoren.

Hotel Schiefes Haus
Schwörergasse 6
89073 Ulm
www.hotelschiefeshausulm.de

Rucksäcke zwischenlagern, wurden wir ermuntert. »Und viel Glück beim Suchen!« Mich beschlich ein mulmiges Gefühl. Ob wir in der Großstadt Ulm einen kostenlosen Unterschlupf finden würden, oder sollten wir doch gleich weiter nach Blaubeuren? Dort gab es wenigstens schöne Höhlen.

Bereits beim zweiten Hotel – das erste war ausgebucht – hatten wir Glück. Unglaublich! Noch ein Wunder!

Wir klingelten beim Seiteneingang des Hotels *Anker*. Ein älterer Herr öffnete die Tür, dem Habitus nach zu urteilen, war er der Besitzer des Hotels. Wie gewohnt gab Matthias seine Sätzchen von sich, wobei er verschwieg, dass wir Autoren waren, die die Absicht hatten, ein Buch über ihre Erlebnisse zu schreiben. Matthias blickte den Herrn gewinnend an, ich lächelte freundlich.

»Bitte, treten Sie ein«, sagte der Herr. Wir stellten uns gegenseitig vor. Er hieß Heinrich Escura. Konnte es sein, dass wir ohne weitere Erklärungen in seinem Hotel übernachten durften – und das ohne Geld?

Zwischenzeitlich war seine Frau hinzugekommen. Wir erklärten auch ihr die Absicht unseres Besuches.

»Es soll nicht zu Ihrem Nachteil sein«, sagte ich. »Wir wollen ein Buch über unsere Erlebnisse schreiben«, ergänzte ich nun vorsichtshalber. »Gerne wollen wir Ihr Hotel erwähnen.« Aber das schien das ältere Ehepaar nicht zu interessieren.

»Sehen Sie«, meinte die Chefin des Hauses. »Vor ein paar Jahren, es war der 24. Dezember, klingelte ein junges Paar an dieser Tür. Der Mann sah ärmlich aus, die Frau war hochschwanger, und draußen war es bitter kalt. Genau wie Sie hatten die beiden kein Geld und brauchten Obdach für die Nacht. Hätten wir die beiden in ihrer Notlage wegschicken sollen?«, fragte sie uns.

Sie wartete unsere Antwort nicht ab.

»Und das an Weihnachten?«, fuhr sie fort. »Natürlich boten wir ihnen ein Zimmer an. Nachdem wir die beiden mit heißem Tee und etwas zu essen versorgt hatten, offenbarte sich das Paar. Die Frau zog ein Kissen unter ihrer Jacke hervor, und der Mann war auch alles andere als arm. Die beiden waren von der Presse und testeten ihre Mitmenschen, ob sie an Heiligabend bereit waren, ein gutes Werk zu tun. Nicht jeder hatte Mitgefühl mit dem Paar«, sagte sie nachdenklich. Frau Escura lächelte. »Ich muss zurück an die Arbeit«, sagte sie. »Frühstück gibt es morgen ab halb acht. Mein Mann wird Ihnen Ihr Zimmer zeigen.«

Nach einem ausgiebigen Mittagsschläfchen machten wir es uns auf der Terrasse bequem. Wir sahen auf dem Display der Kamera die ersten Fotos unserer Schwabentour an. Herr Escura trat an unseren Tisch. Ob er sich zu uns setzen dürfe, fragte er, was wir nachdrücklich bejahten. Zum einen, weil wir uns über seine Gesellschaft freuten, und zum anderen handelte es sich schließlich um seine Terrasse. Heinrich Escura, den wir aufgrund seines perfekten Schwäbisch und seiner Erscheinung zunächst für einen waschechten Schwaben gehalten hatten, erzählte uns seine Geschichte. Er habe Migrationshintergrund, sagte er, auch wenn er in Ulm geboren und aufgewachsen sei. Seine Vorfahren waren bereits vor 120 Jahren nach Deutschland gekommen. Es war ungewöhnlich für einen Katalanen, damals nach Deutschland auszuwandern. Doch sein Urahn fasste schnell Fuß als Weinhändler, er importierte spanische Weine, eröffnete eine Weinstube und wurde schließlich Hotelier. Der Kontakt zu den katalanischen Verwandten brach nie ab und besteht über die Generationen bis zum heutigen Tag.

»Auch wenn die Verwandtschaft allmählich wegstirbt«, schloss Herr Escura seinen kleinen Ausflug in die Familiengeschichte. Die Vokabel »Verwandtschaft« weckte bei Herrn Escura weitere Erinnerungen. »Vielleicht ist es für Sie von Interesse, dass ich weitläufig mit Salvador Dalí verwandt bin?«, fragte der Hotelier.

Und ob es das war. Waren wir nicht auch unterwegs, um Geschichten zu sammeln? Er könne sich noch an eine kleine Geschichte aus Dalís Kindheit erinnern, ließ er uns wissen.

Einmal habe sich der Künstler als Kind mit Wäscheklammern die Lippen verschlossen, erzählte der entfernte Vetter, mehr noch: Er brachte Klammern an den Wangen, an den Ohren und an der Nase an. Obwohl das mit erheblichen Schmerzen verbunden war, hielt er es eine geschlagene Stunde aus. Dalí wollte erfahren, wie es sich anfühlt, wenn man vom Schmerz gepeinigt wird. Außerdem wollte er wissen, was mit ihm geschah, wenn er wieder nachließ.

Heinrich Escura sah uns prüfend an. Er schien sich nicht ganz sicher, ob wir diese Geschichte glaubhaft fanden. Dies sei nur eine kleine Anekdote, meinte er fast entschuldigend. Allerdings wolle er uns nicht langweilen. »Das ist keineswegs der Fall«, sagte ich. »Bitte erzählen Sie gerne weiter. Nicht jeder hat einen Dalí in der Familie.« Wir wurden unterbrochen, seine Frau rief. Offensichtlich war sie nicht damit einverstanden, dass ihr Mann mit uns in geselliger Runde zusammensaß, während im Restaurant die Arbeit wartete.

Ein Porträt des exzentrischen Künstlers Salvador Dalí aus dem Jahre 1972.

Herr Escura sah das Bedauern in unseren Gesichtern und warf uns einen entschuldigenden Blick zu. »Also gut, von einer Begebenheit will ich noch erzählen«, sagte er. »Aber dann muss ich wirklich wieder an die Arbeit.«

Dalí hatte sich als Künstler bereits einen Namen gemacht, als er eines Abends in einem Gasthaus einkehrte. Der Kellner erkannte den Künstler und fragte ihn, ob er ihm eine kleine Zeichnung anfertigen möge. Dalí bejahte, wählte eine Speise und ein Getränk, dann ließ er sich Papier und Bleistift reichen. Während Dalí auf das Essen wartete, fertigte er für den Kellner im Schein der Kerze eine filigrane Zeichnung. Er signierte sie und überreichte dem dankbaren Kellner das Kunstwerk.

Das Essen schmeckte gut, Dalí war zufrieden. Schließlich verlangte er nach der Rechnung. Außerdem wollte er nochmals einen Blick auf das Kunstwerk werfen. Der Kellner brachte Dalí, wie gewünscht, die Zeichnung. Zur Bestürzung des Kellners hielt Dalí das Blatt über die Kerze, das Kunstwerk ging in Flammen auf. »Sie sind der einzige Mensch«, sagte Dalí, »der von sich behaupten kann, dass er für 40 Minuten einen echten Dalí besitzen durfte, bevor er vom Künstler höchstselbst verbrannt wurde.« Mit diesen Worten verließ er das Gasthaus.

»Und nun muss ich wirklich wieder an die Arbeit«, sagte der Hotelier und empfahl sich.

Ein Spaziergang führte uns kreuz und quer durch Ulm. Nachdem wir am Tor des Münsters die badische Fahne drapiert hatten, um zu demonstrieren, dass Ulm badisch besetzt sei, ließen wir uns von einem schwäbischen Sympathisanten fotografieren.

Danach durchquerten wir die Fußgängerzone und besichtigten das Fischerviertel, jenen idyllisch-musealen Stadtteil von Ulm mit seinen historischen Gebäuden, Straßencafés und Restaurants. Das Fischerviertel war von den Bombenangriffen des Zweiten Weltkrieges verschont geblieben und fest in der Hand von Touristen. Wir flanierten an der Donau entlang, die das württembergisch-schwäbische Ulm vom bayerisch-schwäbischen Neu-Ulm trennt. Unweit des Rathauses, in Sichtweite zur Stadtbibliothek, legten wir eine Kaffeepause ein. Die Zeit war vorangeschritten, Matthias und ich machten Pläne und schrieben Tagebuch. Einer inneren Eingebung folgend, entschlossen wir uns, das Münster zu besteigen. An der Kasse stießen wir auf überraschend geringen Widerstand. Offensichtlich war sich der junge Mann der Tragweite unserer Mission bewusst, und so durften wir die schweißtreibenden 768 Stufen des Münsters gratis hinaufgehen.

Der Blick über Ulm war grandios, allerdings hatten auch andere Touristen den Wunsch, den unvergleichlichen Blick über die Stadt zu genießen. Ganz oben auf der letzten Aussichtsplattform herrschte Stau wie an einem Freitagnachmittag auf der A 8 zwischen Stuttgart und Karlsruhe. Matthias und ich waren regelrecht eingekeilt zwischen zahllosen Menschen.

Und dann hatten wir Hunger. Mal wieder. Es ist erstaunlich, wie oft man Hunger bekommt, wenn man kein Geld in der Tasche hat. Wir beschlossen, die 768 Stufen wieder hinabzusteigen. Immer wieder drückten wir uns an die Mauer, um Menschen vorbeizulassen, die nach oben wollten. Unten angekommen, knurrte uns hörbar der Magen.

Matthias erinnerte sich an die Empfehlung einer Kollegin, die vor einiger Zeit zusammen mit Martin Walser, dem berühmtesten baden-württembergischen Schriftsteller, in einem Ulmer Restaurant gespeist hatte.

»Es wäre ratsam, dort einmal vorbeizuschauen«, meinte Matthias. Dem wollte ich nicht widersprechen. Mit dem Stadtplan, den uns das Touristikbüro selbstlos übereignet hatte, wie wir uns gerne erinnerten, durchquerten wir die Stadt. Wir folgten der Frauenstraße, meine Augen wurden glasig, wie hypnotisiert wurde ich von einem Schaufenster angezogen, in dem die *Beatles* standen. Sie waren aus Pappe und hatten, dem Outfit nach zu urteilen, gerade *I Want to Hold Your Hand* veröffentlicht.

Ich warf begehrliche Blicke in den Plattenladen. Hing da nicht ein Schallplattencover von *Pink Floyd* an der Wand? Mit zusammengekniffenen Augen konnte ich erkennen, dass es sich um *Dark Side of the Moon* handeln musste. Zu gerne hätte ich das Geschäft betreten. Aber was hätte ich sagen sollen: »Ein mitteloser Badener hätte gerne die neue CD von *Jake Bugg, Elbow* oder *Jonathan Wilson*? Und hätten Sie die eventuell auch in Vinyl mit Foldoutcover und Booklet, und zwar gratis?«

Shopping-Tipp für Freunde guter Musik

Große Auswahl an Tonträgern aller Art. Langspielplatten, Singles, CDs. Neben raren Aufnahmen von Abba bis Zappa werden auch aktuelle Produktionen angeboten. Eines der letzten beiden inhabergeführten Tonträgergeschäfte in Ulm.

SoundCircus
Frauenstraße 40
89073 Ulm

Ich beschloss, das Geschäft bei besserer Haushaltslage zu besuchen. Inhabergeführte Fachgeschäfte zu unterstützen ist Pflicht und Ehre zugleich. Besonders, wenn es sich um Tonträgergeschäfte handelt. Die Adresse des *SoundCircus*, wie das Plattengeschäft heißt, wurde gleich im Notizbuch festgehalten. Da war auch wieder das Summen in meinem Kopf. Ein Song der *Talking Heads* verfolgte mich schon während der ganzen Reise: *Road to nowhere.*

Zwei Straßen weiter wartete möglicherweise schon das Abendessen auf uns, im Restaurant *Auf dem Kreuz.*

Matthias erklärte der Bedienung, dass uns ihr Lokal von einer befreundeten Autorin empfohlen worden war, die dort schon mit Martin Walser gespeist habe. Er hatte das Essen sehr gelobt, weshalb wir dies gerne überprüfen wollten. »Allerdings können wir nicht bezahlen«, setzte Matthias hinzu.

Wir blickten in ein freundliches, doch verwundertes Gesicht. »Da muss ich meine Chefin anrufen«, sagte die sympathische Bedienung und verschwand in einem Nebenraum. Satzfetzen drangen an unsere Ohren: »Auf Empfehlung eines Herrn namens Martin Walser«, »Linsen«, »Spätzle« und »Getränk«. Matthias und ich nickten uns lächelnd zu, unser Abendessen war gesichert. Die Linsen mit Saitenwürstchen und Spätzle waren das erste original schwäbische Gericht auf unserer Reise. Martin Walser sei Dank!

Der Tag klang aus, Müdigkeit stellte sich ein. Wir beschlossen, wieder *vor Anker* zu gehen. Das Bett rief. Wir schliefen himmlisch.

Obwohl der Wecker am nächsten Morgen recht früh klingelte, waren wir ausgeruht. Unser Ziel war Blaubeuren, wo wir beabsichtigten, in einer Steinzeithöhle zu übernachten. Die Rucksäcke waren schnell gepackt, das reichhaltige Frühstücksbuffet wartete bereits auf uns. Wie immer fiel unser Mahl recht bescheiden aus. Um diese Tageszeit hatten wir keinen großen Hunger. Mit der ersten Tasse Kaffee kam unser Kreislauf in Schwung. Dann brachen wir auf.

Frau Escura begleitete uns noch bis zur Tür. Sie hielt ein Proviantpaket von eindrucksvollen Ausmaßen für uns bereit. Wir waren gerührt. »Alles kehrt zu einem zurück«, sagte sie. »Im Guten wie im Schlechten. Geben Sie auf Ihre Weise weiter, was Sie bekommen haben. Ich wünsche Ihnen eine gute Reise.«

Gastro-Tipp: *Spanische Weinstube und Hotel Anker*

Das Restaurant liegt in unmittelbarer Nähe zum Ulmer Münster. Es bietet deutsch-schwäbische Küche mit täglich wechselnden saisonalen Gerichten. Bei gutem Wetter auch Außenbewirtschaftung in der Fußgängerzone mit Blick auf das Münster.

Das angeschlossene Hotel *Anker* verfügt über preiswerte und ruhige Zimmer in verschiedenen Preiskategorien.

Spanische Weinstube und Hotel Anker
Rabengasse 2
89073 Ulm

Restaurant *Auf dem Kreuz*

Ein wenig abseits der City, doch immer noch zentral gelegen, genießt man zu moderaten Preisen leckere Speisen und gute Weine. Freundliche und aufmerksame Bedienung, angenehme Atmosphäre in properem Altstadtambiente.

Restaurant Auf dem Kreuz
Auf dem Kreuz 37
89073 Ulm

Cafébar Kutter

Stylisches Ambiente. Außenbewirtschaftung und Blick auf die ungewöhnliche Ulmer Bibliothek. Ideal zum Entspannen nach einem ausgiebigen Stadtspaziergang.

Cafébar Kutter
Marktplatz 14
89073 Ulm

Eine kleine Reise in die Steinzeit

Tino Berlin

Eine kleine Reise in die Steinzeit lag vor uns, unter anderem hatten wir uns vorgenommen, in der Brillenhöhle bei Blaubeuren zu übernachten. Eine neue Idee war das nicht, unsere Vorfahren hatten bereits vor 30 000 Jahren den gleichen Einfall gehabt, dennoch gedachten wir, ihrem Beispiel zu folgen.

Anhand der Spuren großer Feuerstellen haben Archäologen herausgefunden, dass die Brillenhöhle intensiv von Urmenschen genutzt wurde. Zahlreiche Relikte von Werkzeugen, Schmuckgegenständen und Überresten ihrer Jagdbeute sind weitere Beweise eines regen Lebens in der Steinzeit. Offensichtlich schien ihnen die geschützte Lage am Ostrand der heutigen Schwäbischen Alb ein idealer Standort gewesen zu sein.

Es regnete an diesem Sonntag, den 27. April. Ein paar Euro hatten wir noch in der Tasche, die ausreichten, um mit der Bahn von Ulm nach Blaubeuren zu fahren. Es war um die Mittagszeit, wir hatten Hunger. Während ich am Bahnhof die schweren Rucksäcke bewachte, streifte Matthias beutesuchend wie einst unsere Vorfahren durch das Gelände. Schließlich kam er frohgemut zurück. Er hatte Wiener

Schnitzel mit Pommes und Salat »erlegt«, und zwar im Gasthaus *Löwen,* unweit des Rathauses. Wie er das gemacht hatte? Ganz einfach. Er sprach ein elegant gekleidetes, älteres Paar auf seinem Weg in die Stadtmitte an und fragte nach einem guten Restaurant mit einem Wirt, der überdies Humor hatte. Das Ehepaar empfahl unisono eben den *Löwen.* Matthias hatte daraufhin das Restaurant aufgesucht und dem Chef des Hauses erklärt, dass wir zwei mittellose Badener seien, die Hunger hätten und die Schwaben testen wollten. Er sah ihn zunächst skeptisch an. Matthias fuhrt fort: »Eine kleine Portion Spaghetti mit Salat, vielleicht?«

»Na, schwäbisch isch des ja net«, bekam er zu hören. Wobei »Schniposa«, das uns bald serviert wurde, auch nicht als urschwäbisches Gericht bekannt ist.

Nachdem wir unsere Beute vor Ort verzehrt hatten, bedankten wir uns freundlich und zogen weiter, um das Städtchen zu erkunden.

Bereits auf dem Weg zum *Löwen* war uns am Kirchplatz das Plakat anderer »Löwen« aufgefallen. »Der *Lions Club Blaubeuren* lädt zum Flohmarkt ein«, hatten wir gelesen. Diese Einladung wollten wir uns nicht entgehen lassen. Wir betraten das Gebäude und kamen schnell

Gastrotipp: Hotel Restaurant *Löwen*

Der *Löwen* bietet ausgewählte Speisen: Wild, Geflügel, Rind und Schwein sowie schwäbische Spezialitäten. Auch ein preiswerter Mittagstisch wird angeboten.

Das angeschlossene Hotel hält 17 Zimmer bereit. Die renovierten Räume verfügen über WLAN, Fernseher und Föhn. Direkt vor dem Hotel gibt es kostenfreie Parkplätze.

Hotel Restaurant Löwen
Marktstraße 1
89143 Blaubeuren
www.hotelcafeloewen.de

ins Gespräch mit den ehrenamtlichen Verkäufern. Zunächst wurden wir für potentielle Kunden gehalten, ein Irrtum, den wir leicht ausräumen konnten. Nein, wir wollten keinen Zinnteller kaufen, auch für einen Lampenschirm hatten wir keinen Bedarf.

»Vielleicht können wir stattdessen unser Gepäck abstellen?«, fragte ich einen der »Löwen«. In knappen Sätzen erklärten wir unsere Mission. »Löwe« Christian Sigg, Leiter der örtlichen Sparkasse, war beeindruckt von unserer Reise. Die Tatsache, dass wir seit Tagen ohne Geld unterwegs waren, musste gerade für ihn als Sparkassendirektor ein Mysterium sein.

Selbstverständlich unterstütze er unsere Expedition, sagte er. Gerne sei er bereit, uns persönlich durch Blaubeuren zu führen, um uns einige Sehenswürdigkeiten zu zeigen. Zuvor jedoch sollten wir gemeinsam im gegenüberliegenden Café ein Heißgetränk unserer Wahl zu uns nehmen. Auf unser Mittagsschläfchen, das sich für Herren unseres Alters geziemt, mussten wir aus Mangel an Gelegenheit ohnehin verzichten, daher nahmen wir die Einladung dankend an. Den offerierten Kuchen hingegen wiesen wir höflich zurück, nach dem reichhaltigen Mittagstisch im *Löwen* waren wir nicht mehr aufnahmefähig.

»Bestimmt wird uns noch das eine oder andere Stück Kuchen über den Weg laufen«, sagte Matthias.

Christian Sigg schlenderte nach dem Kaffeetrinken mit uns durch die pittoresken Gässchen des Bilderbuchstädtchens. Bislang hatten wir Blaubeuren lediglich mit dem weithin bekannten Blautopf, der sagenhaften Quelle der Blau, in Verbindung gebracht, doch auch das Stadtbild konnte sich sehen lassen. Kopfsteinpflaster und historische Gebäude von Handwerkern und reichen Bürgern der Stadt säumten unseren Weg.

Christian Sigg ermöglichte es uns, einen Blick in das 530 Jahre alte »Kleine Große Haus« zu werfen, und gemeinsam betraten wir das Fachwerkensemble, das in den vergangenen Jahren saniert worden war.

Im Jahre 1483, so erfuhren wir, wurde das »Kleine Große Haus« im alemannischen Fachwerkstil erbaut. Da es über zwei beheizbare Räume verfügte, was für die damaligen Verhältnisse ein Luxus war, kann davon ausgegangen werden, dass es von wohlhabenden Adligen oder Geistlichen errichtet worden war. Auch die Wände und Decken waren reich verziert.

»Tatsache ist, dass die Besitzverhältnisse über die Jahrhunderte wechselten«, fuhr Christian Sigg fort. »Zunächst sorgte ein reicher Bürger für einen weiteren Anbau«, erklärte er und verwies auf die gedrechselten Säulen und opulenten Wandmalereien. Allmählich sank der soziale Status der jeweiligen Besitzer. Zuletzt lebten in dem »Kleinen Großen Haus« einfache Arbeiter, die nicht die finanziellen Mittel hatten, das Gebäude zu unterhalten: ein Glücksfall für die Nachwelt. Die Mittellosigkeit der Bewohner hatte zur Konsequenz, dass keine gravierenden Eingriffe in die ursprüngliche Bausubstanz erfolgten.

Mit Hilfe einer Bürgerstiftung konnte das Haus schließlich generalsaniert werden. Respektable 2,3 Millionen Euro steckte man in die Aufwertung des Gebäudes, das heute kulturellen Zwecken dient.

Vorbei an weiteren historischen Gebäuden schritten wir durch einen mittelalterlichen Torbogen, dem sich ein großer Platz anschloss. Zur Linken erstreckte sich ein langgezogener Bau, der auf das 11. Jahrhundert zurückgeht. Es handelte sich um eine ehemalige Klosteranlage, die einst von Benediktinermönchen bewohnt wurde. Wie unser

Auch ohne Blautopf idyllisch: Blick auf Blaubeuren.

privater Stadtführer erklärte, ist in dem weitläufigen Gebäude heute ein Internat untergebracht.

Ein wahrlich imposantes Bauwerk – Harry Potter lässt grüßen!

Und da kam er auch schon auf uns zu, der von Matthias prophezeite Kuchen. In den Händen trug ihn kein Geringerer als der Leiter des Internats, Pfarrer Dr. Henning Pleitner. Das kam ja wie bestellt! Christian Sigg stellte uns vor.

Der Schulleiter musterte uns.

Ob er von unserer Schwabentour schon gehört habe, wollten wir wissen. Henning Pleitner verneinte. Seine Unkenntnis nahm Christian Sigg zum Anlass, über unsere Pläne in Blaubeuren und darüber hinaus zu referieren.

Geschwind erfasste der Direktor die Lage und versteckte das Kuchenpaket hinter seinem Rücken.

»Gerne«, fuhr er fort, »können Sie mich morgen im Internat besuchen. Selbstverständlich sind Sie zum Mittagessen in der Schulmensa eingeladen.«

Ob wir denn bereits eine Übernachtungsmöglichkeit hätten, wollte der Direktor wissen.

»Bestimmt finden wir im Westflügel unseres Hauses noch ein, zwei freie Zimmer für Sie.« Leider mussten wir dieses attraktive Angebot ausschlagen. Es wäre sicherlich eine Bereicherung unserer Reise gewesen, in diesem altehrwürdigen Internat zu nächtigen, doch waren wir bereits versorgt. Schon vor ein paar Tagen hatte ich per E-Mail die Information bekommen, dass unsere Übernachtung in Blaubeuren gesichert sei.

Wir verabredeten, dass wir uns am kommenden Tag in der Klosterschule einfinden würden, dann trennten sich vorerst unsere Wege.

Vorbei an romantischen Fachwerkhäusern aus dem Spätmittelalter und ausgedehnten Grünanlagen schlenderten wir zurück zum Kirchplatz. Hier hatten wir uns um 17 Uhr mit dem Leiter des Urgeschichtlichen Museums von Blaubeuren, Hannes Wiedemann, verabredet.

Hannes – wir gingen schnell zum vertraulichen »du« über – wusste, dass wir in einer steinzeitlichen Höhle übernachten wollten. Außerdem stand das Urgeschichtliche Museum sowieso auf unserer

Agenda. Obwohl das Museum gerade von Grund auf umgebaut wurde und für die Öffentlichkeit nicht zugänglich war, versprach Hannes, uns diesen Wunsch zu erfüllen. Auch der Übernachtung in einer Höhle stünde nichts im Wege, vorausgesetzt, das Wetter spielte mit.

Das Wetter spielte nicht mit. Das dämmerte uns auf dem Weg zur Brillenhöhle, die Hannes für unser Abenteuer ausgesucht hatte. An geschichtlich bedeutsamen Höhlen herrscht in der näheren und weiteren Umgebung kein Mangel. Wie uns Hannes erklärte, waren diese jedoch aus Gründen des Naturschutzes zur Übernachtung nicht geeignet. Die dort brütenden Vögel und Fledermäuse hatten zweifellos Vorrang. Auf der anderen Seite war dies auch bedauerlich. Insbesondere das Geißenklösterle im Achtal, unweit von Blaubeuren, hatte es mir angetan, zumal diese Höhle zu den weltweit wichtigsten Fundstellen altsteinzeitlicher Kultur gehört. Neben den ältesten Musikinstrumenten der Welt, einer Flöte aus Elfenbein und zwei aus Schwanenknochen, fand man dort auch Kunstwerke aus Mammutelfenbein, die unter anderem Bär, Wisent und Mammut darstellen. Diese Artefakte gehören zu den ältesten figürlichen Darstellungen der Menschheit.

Die Möglichkeit, wenigstens in der Brillenhöhle übernachten zu dürfen, schien mir eine gute Alternative zu sein. Der Fußmarsch zu

Kulturtipp: Brillenhöhle

Früher war es möglich, die Brillenhöhle auf eigene Faust zu betreten. Da sie jedoch in der Vergangenheit als Grillplatz und Toilette missbraucht wurde, ist sie heute durch ein Metalltor vor Vandalismus geschützt. Im Rahmen von Sonderveranstaltungen kann sie besichtigt werden.

Urgeschichtliches Museum Blaubeuren
Kirchplatz 10
89143 Blaubeuren
www.urmu.de

Wegen Vandalismus vergittert: der Eingang zur Brillenhöhle.

dieser Höhle, die inmitten eines Waldes oberhalb von Blaubeuren liegt, war ohne Mühe zu bewältigen. Es regnete nicht besonders stark, aber doch so konsequent, sodass unser Plan, in der Brillenhöhle zu übernachten, wie befürchtet ins Wasser fiel. Eigentlich sollte man annehmen, in einer Höhle vor Regen geschützt zu sein, doch hatte die Höhle zwei große Löcher in der Decke, die in ihrer Form deutlich an eine Brille erinnerten, daher auch der Name.

»Die Löcher in der Decke sind nicht das Problem«, erklärte uns Hannes vor Ort. »Wenn wir uns in einem geschützten Winkel der Höhle aufhalten, sind wir dem Regen nicht unmittelbar ausgesetzt.«

Allerdings lief das Wasser bei Dauerregen die Felswände hinunter, ergänzte er. Dann würde die Nacht recht ungemütlich werden, und das trotz Isomatten und wasserdichten Schlafsäcken. Irgendwie leuchtete das selbst mir als Höhlenenthusiasten ein. Betrübt musste ich von meinem Höhlenabenteuer Abstand nehmen, aber vielleicht war das auch besser so, ich verspürte ohnehin ein leichtes Kratzen im Hals. Matthias nahm die Entscheidung, andernorts zu übernachten, ohne Widerspruch hin, vermutlich kam es ihm entgegen, nicht in der Brillenhöhle übernachten zu müssen. Er hatte keine Lust, seinen Schlafsack auf der Geröllhalde, die den Boden der Höhle bedeckte, auszubreiten, wohingegen ich gerne die Atmosphäre vergangener Zeiten heraufbeschworen hätte. Wie mochten sich unsere Vorfahren gefühlt haben? Wer weiß, vielleicht hätten wir danach die Inspiration gehabt, ein paar Flöten aus Knochen zu produzieren oder uns an der Fertigung eines Löwenmenschen zu versuchen?

Ursprünglich hatten wir beabsichtigt, wie einst unsere Vorfahren vor der Brillenhöhle ein Feuer zu entfachen, um dort unser Essen zu garen. In Ermangelung der geeigneten Witterung verlegte Hannes die Demonstration dieser Fertigkeit in den Garten seines Hauses.

Pyrit, Stroh, ein wenig natürlicher Zunderpilz (auch Zunderschwamm genannt) von einem Baum und viel Geduld hatten die Menschen der Urzeit gebraucht, um ihre Absicht Feuer zu machen, in die Tat umzusetzen. Selbst für einen Profi wie Hannes war dies bei Nieselregen kein leichtes Unterfangen. Mit dem Pyrit und einem Feuerstein schlug Hannes kleine Funken, die im Zunderpilz stecknadelkopfgroße Glutnester bildeten. Hannes schob diese in ein Bündel Stroh und pustete so lange, bis es qualmte und schließlich brannte.

Dann wurden wir selbst tätig. Da Hannes mit uns Lammfleisch braten wollte, schlug er vor, dass wir unter seiner Anleitung steinzeitliche Messer herstellten, mit denen wir anschließend das Fleisch in Streifen schneiden konnten. Hierzu hatte er mehrere scharfe Steinklingen vor uns ausgebreitet. Ihre Schneidekraft konnte sich durchaus mit industriell hergestellten Klingen messen.

Die weiteren Utensilien für die Messerproduktion: Birkenholz, auf dem die Klingen fixiert werden mussten, sowie Birkenpech.

Nun begann die Arbeit. Zunächst schabten wir die Rinde vom frischen Birkenholz.

Mit einer weiteren Steinklinge versuchten wir, eine Kerbe in das Holz zu schneiden. Für meine Finger, die sich eher für filigrane Eingriffe eignen, war dies eine echte Herausforderung. Das frische Birkenholz erwies sich als außerordentlich widerstandsfähig, und der dumpfe Schmerz in meinen Fingergliedern nahm mit jedem winzigen Schnitt exponentiell zu. Matthias und ich mühten uns nach Kräften, dennoch musste Hannes eingreifen, damit wir noch vor Mitternacht zu einer ausreichenden Kerbentiefe gelangten. Endlich waren wir so weit, dass wir die Einkerbungen mit dem Birkenpech ausfüllen konnten, die Klinge wurde passgenau eingefügt, das Pech festgepresst, und fertig war das Steinzeitmesser.

Wir probierten unser steinzeitliches Gesellenstück gleich beim Zerteilen des Lammfleisches aus, das Hannes' Gattin Gaby in der Stadt erlegt, Verzeihung: besorgt hatte. Anstelle einer steinzeitlichen Feuerstelle im Freien mussten wir mit einem Gasherd im regengeschützten Haus vorliebnehmen.

Nach dem Abendessen breitete Hannes einige seiner urgeschichtlichen Schätze auf dem Tisch aus. Zunächst zeigte er uns ein Stück eines Mammutknochens. Der Handel mit Relikten dieser Art floriere, erklärte er, selbst bei *ebay* könnten Sammler fündig werden. Allerdings, so warnte er, sei dabei Vorsicht geboten, da der rechtliche Status dieser Artefakte nicht immer zweifelsfrei geklärt werden könne. Auf der sicheren Seite sei man, wenn man auf Repliken zurückgreife, sagte er und zeigte eine Nachbildung des weltberühmten Löwenmenschen. Fasziniert nahm ich die Statue in die Hand. Was mochte wohl in dem Künstler vorgegangen sein, als er dieses Werk vor über 30 000 Jahren schuf? Die Originalfragmente waren übrigens rund 40 Kilometer von Blaubeuren im Hohlenstein-Stadel im Lohnetal gefunden worden, erst Ende der 1960er Jahre gelang es, die Teilstücke zusammenzufügen.

»Das Original wird bald wieder im Urgeschichtlichen Museum zu sehen sein«, sagte Hannes mit leuchtenden Augen und lenkte unsere Blicke auf die Figur eines kleinen urgeschichtlichen Pferdes. In Form und Gestalt erinnerte es mich an ein modernes Kunstwerk. Vergleiche mit Pferdemotiven von Franz Marc drängten sich auf.

Allmählich war es an der Zeit, zu Bett zu gehen. Hannes ergriff die Nachbildung einer Knochenflöte und führte sie an seinen Mund. Es gelang ihm tatsächlich, eine einfache Melodie zu spielen.

»Über die Tonfolgen, die unsere Vorfahren der Flöte entlockten, kann allerdings nur spekuliert werden«, meinte er. Ob wir zum Abschluss der kleinen Reise in die Steinzeit noch ein Schlaflied hören wollten? Wir wollten und gingen danach ins Bett.

Die schöne Lau

Tino Berlin

You can go your own way, tönte es aus Hannes' CD-Player, während er uns am Morgen dieses 28. April 2014 zum *Urgeschichtlichen Museum* fuhr. Wir wollten *Fleetwood Mac* nicht widersprechen. Es war tatsächlich so, dass wir unserer Wege gingen, und die waren vergleichsweise ungewöhnlich.

Zunächst führte uns der Weg ins Museum. Handwerker eilten hin und her, Holzsägen kreischten, es roch nach frischem Sägemehl.

Mit detailreichen Erklärungen führte uns Hannes durch die Räume. Wir stiegen über Zementsäcke und Kartonagen, zwängten uns an Leitern, Baudielen und Türmen von Kabelrollen vorbei. Neugierig sahen wir uns die Räume an, die gerade im Entstehen waren. Zugemauerte Pforten, eine Treppe, die ins Nichts zu führen schien, dazwischen eine teilweise installierte Empfangstheke. Hinter Staubwänden waren weitere Räume verborgen, die sich unseren Blicken entzogen.

Hannes zeigte uns jeden einzelnen Raum. Erwartungsvoll blickten wir in Glastruhen und Schaukästen – sie waren allesamt leer. Durch Hannes' bildhafte Erzählungen entstanden jedoch vor unseren geistigen Augen die steinzeitlichen Kostbarkeiten, die Riten und Bräuche

Im Urgeschichtlichen Museum trifft man auch auf unsere Vorfahren.

unserer Vorfahren. Es war ein eigenartiger Museumsbesuch, der unsere Fantasie herausforderte.

In nur wenigen Tagen war die Eröffnung geplant, erst dann würden die wertvollen Exponate ihren vorgesehenen Platz finden. Angesichts des vermeintlichen Chaos, das uns umgab, ein hehres Ziel. Dem Vernehmen nach war jedoch alles im Zeitplan.

Im Erdgeschoss stießen wir auf einen Raum, der bereits fertig schien. Hier fanden wir Schaukästen mit Miniaturfiguren, die das Leben der Höhlenbewohner darstellten, originalgetreue Repliken der Schädel von Cro-Magnon-Menschen und Neandertalern sowie lebensgroße Steinzeitmenschen aus Gips. Einer der Urmenschen durfte sogar unsere badische Fahne halten.

Nach dem Museumsbesuch unternahmen wir einen Ausflug zum Internat. Wir hatten nicht vergessen, dass uns der Direktor der Klosterschule, Henning Pleitner, eingeladen hatte.

Im Treppenhaus begegneten wir einer Lehrerin, die uns zum Sekretariat führte. Als uns der Schulleiter erblickte, bat er uns vergnügt und bester Laune in sein eindrucksvolles Direktorenzimmer.

Die holzvertäfelte Pracht vergangener Jahrhunderte empfing uns. Auf einem Podest stand ein antiker Globus, auf dem man die Städte Karlsruhe und Stuttgart vergeblich suchte.

Moderne Akzente setzte ein in den Dielenboden integrierter Schreibtisch mit einer Tischplatte, die auf Stahlträgern ruhte. Designerstühle aus den 1950er Jahren sowie ein hochmodernes Schranksystem vervollständigten das Bild. Eine perfekte innenarchitektonische Synthese aus Mittelalter und Gegenwart. Henning Pleitner bot uns einen Kaffee an und wies uns einen bequemen Platz in einem Erker zu.

»Auch Hitler und Hess sind einst in diesem Raum empfangen worden«, sagte er. Uns schauderte bei dem Gedanken.

»Das ehemalige Benediktinerkloster reicht bis ins Jahr 1085 zurück. Die ersten Mönche kamen aus Hirsau«, erklärte uns Direktor Pleitner beim anschließenden Rundgang durch das Internat. Während wir die holzvertäfelten Flure des Internats durchstreiften, warf er einige Schlaglichter auf die wechselhafte Geschichte der Anlage. Hierbei hob er besonders den Hochaltar und das Chorgestühl hervor, die wir in der Klosterkirche besichtigten. Den Anblick dieses einzigartigen Kunstwerkes haben wir den Künstlern der Ulmer Schule zu verdanken, die den Altar 1493 geschaffen haben. Auch der erste evangelische Abt, Matthäus Alber, trug seinen Teil dazu bei. 1534 fand in Württemberg auf Betreiben Herzog Ulrichs die Reformation statt. Dies führte nicht nur zur Vertreibung der katholischen Mönche, sondern auch zu einem sinnlosen Bildersturm. Von höchster Stelle erging der Erlass, sämtliche künstlerische Zeugnisse, die unter der Ägide der katholischen Kirche entstanden waren, zu zerstören. Matthäus Alber widersetzte sich der Zerstörungswut der Kirchenoberen und rettete den Hochaltar vor der Vernichtung.

Seit 1556 werden in der evangelischen Klosterschule Werte und Inhalte vermittelt, die immer wieder mit neuen Entwicklungen bereichert werden. So wurde in den 1820er Jahren auf dem Gelände der Klosterschule der erste Schulsportplatz Deutschlands eingerichtet.

»Heute bietet die Klosterschule rund 100 Schülern ab der neunten Klasse die Möglichkeit, sich auf die Reifeprüfung vorzubereiten«, sagte Henning Pleitner. Eine zumindest in einigen Fächern überdurchschnittliche Qualifikation sei durchaus von Vorteil, meinte Pleitner. Schließlich koste das Internat pro Monat und Schüler 2500 Euro.

»2500 Euro? Einen solchen Betrag können sich nur Familien oberhalb der Mittelschicht leisten«, gab ich zu bedenken.

Direktor Pleitner schüttelte den Kopf. »Die Kosten werden von einem Stipendium abgedeckt. Vorausgesetzt, man erfüllt die erwähnten Bedingungen. Und natürlich muss auch eine Aufnahmeprüfung bestanden werden.«

Gerne hätten wir noch weitere Räume besichtigt, so zum Beispiel das historische Badhaus, aber die Zeit war zu kurz. Auf dem Weg zur Schulmensa erzählte uns Henning Pleitner noch eine kleine Anekdote, in der der CDU-Politiker Gerhard Stoltenberg eine amüsante Rolle spielte. Stoltenberg, seinerzeit Bundesminister für Verteidigung, hatte die Klosterkirche besucht. Just als er unter einer Balustrade hervortrat, ereilte ihn das Schicksal in Form eines Eimers Wasser, der über ihm ausgeleert wurde. Der oder die Täter, wohl pubertierende Schüler, konnten nicht ermittelt werden.

Das Portal, durch das wir zur Klosterkirche gelangt waren, stand noch offen. Direktor Pleitner war gerade im Begriff, die Tür zu verriegeln, als ein paar Schüler angestürmt kamen. Sie baten darum, die Abkürzung zum Speisesaal durch die Kirche nutzen zu dürfen. Offensichtlich entsprach dies nicht der Hausordnung des Internats.

»Das ist leider nicht möglich«, sagte der Schulleiter mit freundlichem Bedauern.

In der Hoffnung auf einen Sinneswandel insistierten die Schüler.

»Husch, husch«, sagte Pleitner und machte eine entsprechende Handbewegung. Die Zöglinge traten brav den Rückzug an.

»Sehen Sie, das ist Pädagogik«, erklärte uns der Schulleiter verschmitzt. Er verschloss das Kirchenportal und führte uns zum Mittagessen in das Refektorium, in die heutige Schulkantine.

Der historische Speisesaal war mit modernen Holztischen und Bänken möbliert, an denen sich schon zahlreiche Schülerinnen und Schüler eingefunden hatten. Sie unterhielten sich angeregt. Ihr Umgangston ließ erkennen, dass hier eine Atmosphäre gegenseitigen Respekts herrschte. Eine heile Welt, auf den ersten Blick. Es gebe zuwei-

Klosteranlage mit wechselvoller Geschichte: Hier ist heute die Klosterschule Blaubeuren untergebracht.

len auch Probleme, gab der Schulleiter zu bedenken. Zum ersten Mal wurde sein Gesichtsausdruck etwas nachdenklich.

»Doch dafür sind ja wir, die Pädagogen, da«, fuhr er optimistisch fort.

Die Fleischküchle mit Gemüse und Kartoffelbrei schmeckten vorzüglich, dazu wurde frisches Quellwasser aus dem Blautopf gereicht.

Matthias gemahnte schließlich zum Aufbruch. Wir hatten eine Verabredung. Sein Bekannter Christian Giese wollte uns auf dem Parkplatz der Lehranstalt treffen.

Direktor Pleitner begleitete uns vor die Türe des Internats, da erblickten wir ihn schon. Christian Giese kam zielstrebig auf uns zu. Freundlich stellten wir uns einander vor. Für Henning Pleitner war es an der Zeit zu gehen.

»Die Arbeit ruft«, sagte er, wünschte uns noch viele lehrreiche und beglückende Erlebnisse und eilte mit wehendem Jackett davon. Einen solchen Schulleiter hätte ich auch gerne gehabt, dachte ich.

Dann wandten wir uns Christian Giese zu. Er war in Blaubeuren aufgewachsen, war viel im Schwäbischen herumgekommen und seit vielen Jahren Apotheker in Karlsruhe. Als er von unserer Tour durch Schwaben gehört hatte, hatte er sich spontan bereit erklärt, einen Tag Urlaub zu nehmen, um uns die Schönheiten seiner Heimat zu zeigen. Außerdem wollte er seine ehemalige Schule in Göppingen besuchen. Daher sei es kein Problem, uns im Anschluss zu unserem nächsten Etappenziel nach Welzheim zu bringen, meinte er. Wir flanierten gemeinsam zum Blautopf.

Blick in den sagenumwobenen Blautopf.

Apotheker Giese zog ein kunstvoll illustriertes Bilderbuch hervor. »Wie wäre es, wenn ich euch die Sage von der Schönen Lau vortrage?«, schlug er vor. Wir waren beide der Meinung, dies sei eine wunderbare literarische Bereicherung unserer Reise, zumal ich von der Historie der Schönen Lau nur eine vage Vorstellung hatte.

Wir waren sogleich fasziniert von der unglaublichen Wasserfärbung des Blautopfes. Die einstigen Bewohner von Blaubeuren hatten ihre eigene Vorstellung von der Quelle. So gingen sie davon aus, dass die ungewöhnliche Färbung des Wassers von einem Fass blauer Tinte herrührte, das regelmäßig in die Karstquelle gekippt wurde. Der Blautopf, so vermuteten sie, habe keinen Grund. Anstrengungen, mithilfe eines Senkbleis die Tiefe der Quelle zu ermitteln, schlugen immer wieder aufs Neue fehl. Die Schuld schrieb man einer Nixe zu, die bei jedem Versuch das Bleigewicht stahl.

So ist es auch kein Zufall, dass der Kundige nahe der Quelle einen markanten Felsen mit dem Namen *Klötzle Blei* findet, der in seiner Form an ein überdimensioniertes Senkblei erinnert.

In diesem Zusammenhang gibt es auch einen hübschen schwäbischen Zungenbrecher, den ich erstmals in Blaubeuren zu Ohren bekam:

S leit a Klötzle Blei glei bei Blaubeira.
Glei bei Blaubeira leit a Klötzle Blei.

Diese für uns rätselhaften Worte werden bis zum heutigen Tage von Blaubeurer Kindern erzählt. Die deutsche Übersetzung lautet:

Es liegt ein Klötzchen Blei gleich bei Blaubeuren,
Gleich bei Blaubeuren liegt ein Klötzchen Blei.

Die Sage von der schönen Lau, die Christian Giese vortrug, hatte Eduard Mörike einst im *Stuttgarter Hutzelmännlein* veröffentlicht. Im Mittelpunkt der Geschichte steht die Tochter einer Menschenfrau und eines Wassernix aus dem Schwarzen Meer. Die Schöne Lau wurde von ihrem Gatten, dem Donaunix, in den Blautopf verbannt. Der

Grund: Sie konnte nicht lachen und gebar ihm nur tote Kinder. Erst wenn sie fünfmal gelacht hatte, war es ihr erlaubt, zurückzukehren und ein lebendiges Kind zur Welt zu bringen.

Wir hielten noch ein wenig Ausschau nach der Schönen, in der Hoffnung, sie würde sich uns offenbaren. Doch dann mussten wir wieder einmal aufbrechen. Neue Ziele warteten auf uns. Schließlich wollte Herr Giese nach Göppingen, um seine alte Schule zu besichtigen. Wie es der Zufall wollte, hörte die Schule auf den Namen »Mörike«.

Im Anschluss, so war es geplant, fuhr er uns an den Limes nach Welzheim.

On our own way. Was denn sonst?

Gastrotipp: *Berta's*

Berta's besticht durch eine große Auswahl an frischen Backwaren, die man vor Ort – oder zu Hause – bei einer Tasse Kaffee oder Tee genießen kann. Ein reichhaltiges Feinkostsortiment bietet Schokolade, Saucen, Pesto, Konfitüre, Spirituosen und vieles mehr.

Berta's
Weilerstraße 2
89143 Blaubeuren
www.berta-s.de

Tipp für urgeschichtlich Interessierte

Wer reichhaltige Informationen zu den Themen Archäologie, Archäotechnik und Museumspädagogik wünscht, dem sei die Homepage von Hannes Wiedemann empfohlen:

www.spuren.org

Die schwäbischen Römer von Welzheim

Tino Berlin

Nach einer unterhaltsamen Fahrt mit Christian Giese von Blaubeuren über Göppingen erreichten wir am 28. April um 17.05 Uhr Welzheim.

Ich war beglückt und voller Freude. Hier auf dem Areal des ehemaligen Ostkastells wartete die Erfüllung eines Kindheitstraumes auf mich – eine Reise in die Zeit der Römer.

Die schwäbischen Römer Hartmut Frey und dessen erwachsener Sohn Daniel hatten vom Touristikbüro Welzheim den Hinweis bekommen, dass zwei badische Autoren beabsichtigten, im Limesturm zu übernachten. Ein Plan, den die beiden Freizeitrömer mit Enthusiasmus und Ideenreichtum unterstützen wollten. Eine schlichte Übernachtung im Schatten des Limesturmes schien ihnen indes zu wenig. Quintus Cornelius Libertus und Primus Libertus, wie sich die Legionäre in ihrer Parallelwelt als Römer nannten, hatten sich einiges ausgedacht, um uns Zeitreisenden das Leben römischer Auxiliare so authentisch wie möglich nahezubringen.

Fröhlich winkend erwarteten sie die beiden Badener in römische Tuniken gewandet vor dem Torbogen des ehemaligen Römerkastells.

Quintus Cornelius Libertus und Primus Libertus, die schwäbischen Römer vom Ostkastell – das kleinste Heer in Württemberg.

Auf dem Boden lagen römische Wurfspieße, ein Römerzelt, das es noch aufzubauen galt, daneben stand ein Tisch, reich gedeckt mit römischen Speisen: Datteln, Trauben, Birnen, ein opulenter Joghurtsalat, Oliven, Fladenbrot und rohes Fleisch. Letzteres sollten wir zu vorgerückter Stunde an einem offenen Lagerfeuer braten.

Ein perfektes Bild römischer Kultur bot sich uns dar, wäre da nicht der *Renault Berlingo* gewesen, der der Szenerie eine gewisse Absurdität verlieh. Quintus Cornelius Libertus war der leise Anflug von Irritation auf meinen Gesichtszügen nicht entgangen. Schnell fuhr er den *Berlingo* auf den nahen Parkplatz, um unsere Illusion nicht weiter zu beeinträchtigen. Nun konnte das römische Abenteuer richtig beginnen.

Aus einem großen Tongefäß schenkte Quintus Cornelius Libertus seinen Gästen *Mulsum* aus. Diesen leicht mit Honig gesüßten Wein hatten die beiden Auxiliare extra für diesen Abend besorgt. Segens- und Willkommensgrüße wurden ausgesprochen, und der süffige Wein erfreute sich großer Beliebtheit. Christian Giese genehmigte sich lediglich ein symbolisches Schlückchen. Schließlich musste er noch den langen Weg nach Karlsruhe zurücklegen. Zum Abschied überreichte er uns eine Tüte mit Backwerk, auf dass wir auf der weiteren Reise nicht darben mussten. Angesichts der reichhaltig gedeckten römischen Tafel war dies wohl nicht zu erwarten, dennoch gebot es die Vorsicht, die Mehlspeisen für Notzeiten aufzubewahren. Apotheker Giese hatte unseren Kreis gerade verlassen, als ich auf die Idee kam, die Provianttüte zu inspizieren. Die Überraschung war groß. Apotheker Giese hatte zwischen Quarktaschen und Butterbrezeln zwei 50-Euro-Scheine versteckt. Diese unerwartete finanzielle Unterstützung sollte auf dem weiteren Weg der Reisenden noch so manches Problem lösen. Bei den Römern konnten wir allerdings mit Euro nicht bezahlen!

Doch nun wartete Arbeit auf uns. Bevor wir uns um das Lagerfeuer scharten, bauten wir gemeinsam das Römerzelt auf. Das machte Spaß, zumal ich noch nie ein Zelt aufgebaut hatte. Immerhin wusste Matthias, was ein Haken ist. Er erwies sich übrigens im Halten der Zeltstange als unverzichtbarer Bestandteil der römischen Hilfstruppen.

Natürlich versteht sich von selbst, dass die beiden Badener zuvor ebenfalls in römische Tuniken gekleidet wurden. Man möchte nicht sagen, dass wir beiden Herren in modischer Hinsicht ein Bild des Schreckens darboten. »Elegant« sieht allerdings anders aus.

Trotz der Mithilfe von Matthias und mir stand das Zelt irgendwann. Der Boden wurde mit unzeitgemäßer Plastikfolie ausgelegt, um heimtückische Zecken abzuhalten. In Ermangelung von Feldbetten legten wir die Schlafsäcke auf den Boden, ebenso haben wir die Rucksäcke, mehr oder weniger ordentlich, im Zelt verstaut. Ein Blick in den grauen Himmel verriet, dass eine erfrischende Nacht auf uns wartete.

Doch Quintus Cornelius Libertus hatte vorgesorgt. Bald flackerte ein lustiges Feuer, und alle freuten sich schon auf saftige Steaks mit Brot, Oliven und Wein. Aber so weit waren wir noch nicht. Zunächst wurden wir in römischer Waffenkunde unterrichtet, der sich praktische Übungen anschlossen.

Unsere beiden Römer stellten sich in Position und erklärten uns den Sinn und Zweck der römischen Waffen. Kurzschwert, Wurfspieß,

Kettenhemden und Helm seien allesamt aus indischer Fabrikation, erklärte uns Quintus Cornelius Libertus – abgesehen von den Schuhen. Diese stellt er unter seinem bürgerlichen Namen Hartmut Frey selbst her. Beachtlich, wenn man das Schuhwerk betrachtet, das mit hohem handwerklichen Geschick originalgetreu hergestellt ist, wie er uns glaubhaft versicherte. Als Vorlage dienten übrigens Schuhe, die auf dem Grund des einstmals verschütteten Brunnens des Kastells gefunden wurden. Die Entdeckung dieses Brunnens erwies sich seinerzeit als wahrer Schatz für Archäologen.

Nun wurde ich von Primus Libertus in der Kunst des Speerwerfens unterrichtet. Hierbei galt es, die auf der Wiese aufgeschichteten Strohballen möglichst mittig zu durchbohren. Zur allgemeinen Überraschung wies ich besonderes Geschick auf und ging als Sieger des Speerwerfens hervor. Meine Freude wurde noch größer, als Quintus Cornelius Libertus uns zum Essen bat. Bereits während des Speerwettbewerbs hatten die Steaks verlockend geduftet. Nun wurde erneut Wein ausgeschenkt und in fröhlicher Runde getafelt. Dabei erzählten uns die schwäbischen Römer Wissenswertes aus dem römischen Alltag. Von Reisen nach Frankreich wurde berichtet, wo sie von ihren römischen Brüdern und Schwestern herzlich aufgenommen worden waren, und von dem Plan, in naher Zukunft das Äquivalent zum Limes, den Hadrianswall in Großbritannien, zu besuchen. Im Mittelpunkt der Berichterstattung stand jedoch das Ostkastell von Welzheim. In den 1950er Jahren sollte das Gelände als Baugebiet ausgewiesen wer-

Ausflugstipp: Ostkastell Welzheim

Wer sich für die Zeit der Römer interessiert, dem sei das Ostkastell Welzheim empfohlen. Einen Besuch wert ist auch das *Städtische Museum* in der Pfarrstraße 8. Hier sind über 300 Funde aus der Römerzeit zu bewundern. Das Museum ist jeden Sonntag von 11 bis 17 Uhr geöffnet.

www.museumwelzheim.de

Die schwäbischen Römer in Aktion.

den. Glücklicherweise konnte verhindert werden, dass das letzte noch nicht überbaute Kastell am Obergermanischen Limes zerstört wurde. Durch die unter anderem bei den Grabungen gewonnenen Erkenntnisse wurde das Westtor rekonstruiert, mit antiken Bausteinen, die bei Ausgrabungen im Kastellgraben gefunden wurden. Heute gehört das Ostkastell zum Weltkulturerbe der UNESCO.

Über unser Lager war die Nacht hereingebrochen. Es war kalt geworden, und mit gemischten Gefühlen dachten Matthias und ich an unsere Schlafstatt im Römerzelt. Ausgerechnet jetzt musste uns das Wetter einen nasskalten Streich spielen. Angesichts der acht Grad Außentemperatur wäre ein Becher Glühwein ein geeigneter Schlummertrunk gewesen. Einen Vorläufer dieses Getränks kannten bereits die Römer unter dem Namen *conditum paradoxom*. Dieses weinhaltige Mischgetränk war geharzt und enthielt Honig, Pfeffer, Datteln, Lorbeer und Safran.

Quintus Cornelius Libertus und Primus Libertus verabschiedeten sich mit einem dynamischen *Salve*, in dem ein Hauch von sorgenvol-

Das Westtor des Ostkastells in Welzheim.

ler Anteilnahme mitschwang. Quintus Cornelius Libertus warf einen misstrauischen Blick über das nächtliche Gelände.

»Man kann nie wissen«, orakelte er düster. Mit diesen rätselhaften Worten bot er uns an, zur eigenen Sicherheit einen der Wurfspieße im Zelt zu deponieren. Großspurig, beinahe beleidigt, lehnten wir ab, dann wurden wir unserem Schicksal überlassen.

Wir hörten noch, wie die beiden Römer in ihrem *Berlingo* davonfuhren. Die Kälte kroch über das Areal des Römerkastells und wir in das Zelt. Noch konnte ich nicht ahnen, dass ich zu vorgerückter Stunde über die Anwesenheit eines Speeres erfreut gewesen wäre.

Vorsorglich hatten die beiden Römer einen Scheinwerfer auf dem Limestor installiert, sodass unser Zelt in gleißendem Licht lag. Dieses, so hofften wir, würde nächtliche Besucher abschrecken, die ein Interesse am Inhalt des Zeltes haben könnten.

»Ein Römerzelt lässt sich nicht verriegeln«, bemerkte ich.

»Das ist fein beobachtet«, antwortete Matthias.

Mit diesen Worten drehte er sich in seinem Schlafsack um. Sekunden später fiel er in einen tiefen Schlaf. Vorsorglich hatte er eine Schlaftablette genommen, um die Nacht störungsfrei zu überstehen. Ich hingegen wollte die Nacht im Römerzelt bei vollem Bewusstsein erleben. Ich beabsichtigte, voll und ganz in die Gefühls- und Gedankenwelt der Römer einzutauchen, um ein möglichst wirklichkeitsnahes Empfinden heraufzubeschwören. Es wurde eine schlaflose Nacht.

Das erste Gefühl, das ich heraufbeschwor, war eine Art Genickstarre. Diese hatte ich mir durch den Rucksack zugezogen, den ich als Kissenersatz genommen hatte. Dann kroch allmählich die Kälte hoch. Die Folie, mit der der Boden ausgelegt war, schien für sie kein Hindernis zu sein. Der indienerprobte Schlafsack wurde im Handstreich genommen, und obwohl ich mich mit Jeans und Pullover schlafen gelegt hatte, steckte bald eine klamme Kälte in meinen Gliedmaßen.

Stille im Zelt. Stille vor dem Zelt.

Bis ein seltsames Geräusch an meine Ohren drang. Durch den lediglich mit Schnüren gesicherten Eingang des Zeltes war ein Hecheln zu hören. Erlaubte sich jemand einen Scherz? Oder konnte es sein, dass sich ein Hund dem Zelt genähert hatte? Dem Hecheln nach zu urteilen, musste es sich um eine geräumige Kehle handeln, ich vermutete einen Schäferhund oder eine Dogge. Seitdem ich als Kind von einem Schäferhund angefallen und gebissen worden war, habe ich einen gewissen Respekt vor größeren Hunden. Zu meiner Beunruhigung machte sich das Tier am Eingang zu schaffen. Ich schaltete

Römischer Schuhmacher und Limes-Cicerone

Seit zehn Jahren führt Hartmut Frey, alias Quintus Cornelius Libertus, auf Römermärkten und Museumsfesten Arbeitstechniken des römischen Schuhhandwerks vor.

Auf seiner Website kann man sich nicht nur ein Bild von der Schuhmode vor rund 1800 Jahren machen, sondern sich auch über seine Führungen auf dem Gelände des Ostkastells informieren. Ausgestattet mit der authentischen Ausrüstung eines Legionärs, gibt der Cicerone Schulklassen einen Einblick in die Welt der Römer.

www.limes-cicerone-welzheim.de

die Stirnlampe an, der Scheinwerfer erfasste Matthias' Gestalt. Der Mann schlief wie ein Murmeltier. Vermutlich hätte er es nicht einmal gemerkt, wenn er von dem Untier zerfleischt worden wäre. Das Angebot, für die Nacht einen Wurfspieß zu leihen, hatten wir beiden Badener ja abgelehnt. Man könnte von Leichtsinn sprechen.

Zu meiner Freude entdeckte ich neben dem Eingang die Axt, mit deren Hilfe wir das Zelt aufgebaut hatten. Die würde zur Not auch ihre Dienste tun. Matthias schien mitgedacht zu haben, bevor er die Schlaftablette zu sich genommen hatte. Im nächsten Moment ertönte aus nächster Nähe ein angriffslustiges Bellen, das in gutturales Knurren überging.

Dann barsche Befehle eines Mannes, wohl des Herrchens: »Komm her! Komm her! Pfui!«, rief er.

Das »Pfui« galt vermutlich den beiden Badenern. Dennoch vernahm ich die Worte mit einem gewissen Wohlwollen. Schließlich hätte der Mann auch einen kürzeren Befehl rufen können. »Fass!« zum Beispiel. Eine unangenehme Vorstellung.

Hund und Mann entfernten sich. Aufatmen. Ich blickte auf die Uhr: zwei Uhr morgens. Ich fiel in eine Art Schlaf. Wirre Bilder tanzten in meinem Kopf, ich träumte von Römern, die auf Mopeds fuhren, einem Wurfspieß, auf dem zwei Dutzend Steaks aufgespießt waren, und einer Bäckertüte mit Bündeln von Geldscheinen. Dann wachte ich auf. Verfroren. Klamm. Geschreddert.

Ein Kindheitstraum hatte sich erfüllt, ich hatte in einem Römerzelt geschlafen.

Über dem Gelände des Ostkastells lag noch immer ein kalter Schleier. Kaum hatten Matthias und ich uns den Schlaf aus den Augen gerieben, hörten wir einen *Berlingo* nahen. Dieses Mal entstieg dem Gefährt kein Römer, sondern Hartmut Frey. Sein zweites Ich, Quintus Cornelius Libertus, hatte er zu Hause gelassen, da er heute wieder seinem bürgerlichen Beruf als Hausmeister nachgehen musste. Bei dieser Tätigkeit wäre eine Römerrüstung eher hinderlich gewesen.

Bevor es an die Arbeit ging, lud uns Hartmut zum Frühstück in ein Welzheimer Café ein. Ein weiterer Beweis schwäbischer Großzügigkeit.

VON WELZHEIM NACH STUTTGART

Zurück in der Gegenwart: vom Golf 2 zum Mercedes S 400 Hybrid

Matthias Kehle

Welzheim liegt im Schwäbischen Wald. Man könnte auch sagen in »Schwäbisch Sibirien«, jedenfalls aus unserer Sicht, denn wir mussten irgendwie bis Schorndorf und weiter nach Stuttgart kommen, also eine Strecke von etwa 45 Kilometern überwinden. Um 14.30 Uhr sollten wir uns vor dem *Mercedes-Benz-Museum* einfinden. Wir mussten das Kunststück schaffen, an diesem 29. April von Welzheim nach Stuttgart zu gelangen, und zwar nicht irgendwann, sondern pünktlich. Zwar gab es eine Busverbindung nach Stuttgart, doch wollten wir unsere auf 122,11 Euro angewachsene Barschaft nicht anbrechen. Ein klein wenig Abenteuer musste zwischendurch schon sein. Wir waren sicher, dass uns jemand wenigstens bis Schorndorf mitnehmen würde. Von dort aus hätten wir zur Not immer noch öffentliche Verkehrsmittel nehmen können. Ich stellte also beim badischen Finanzminister einen Antrag auf Sparsamkeit. Dem Antrag wurde stattgegeben.

Wir wanderten ein Stück weit Richtung Schorndorf, hielten den Daumen samt badischer Fahne hoch und warteten. »Eine halbe Stunde«, sagte ich. »Ich wette auf eine Stunde«, hielt Tino dagegen. Hier in »Schwäbisch Sibirien« ließ sich anscheinend keiner durch die badische Fahne beeindrucken. Wahrscheinlich gab es hier keine Zeitungen und keinen Radioempfang. Man hatte schlicht und ergreifend noch nichts von uns gehört. Die inzwischen fast berühmten Badener, welche sich von den Schwaben verwöhnen lassen wollen? Unbekannt! Unser Besuch in Welzheim wurde nicht einmal von der Presse begleitet. Hier sagen sich Römer und Schwaben gute Nacht.

Tino gewann die Wette. Nach einer knappen Stunde fuhr ein Auto erst an uns vorbei, machte dann mit quietschenden Reifen eine Vollbremsung und setzte filmreif zurück. Es war ein alter *Golf.* »Wo wollt ihr hin?« Wir antworteten, der Fahrer brüllte: »Moment«, und parkte sein Auto dichter an den Straßenrand. »Ich muss ein wenig umräumen.« Er sprang aus dem Wagen und öffnete den Kofferraumdeckel.

»Voll«, sagte er, »ich habe immer alles Lebensnotwendige dabei. Vom Chemielabor bis zum Schnaps.« Nur der Beifahrersitz war frei, die Rückbank war ebenfalls beladen. Unser Fahrer verstaute noch ein paar Kleinigkeiten im Kofferraum und im Fußraum des Beifahrerplatzes. »Ich gehe freiwillig nach hinten«, sagte Tino, der immer noch von der schlaflosen Nacht im Zelt gezeichnet war. Er quetschte sich auf die Rückbank, zwischen seine Beine und auf seinen Schoß pressten wir die Rucksäcke.

»Ich bin Uwe«, sagte der Fahrer, der etwa in unserem Alter war. Uwe war ganz knapp Schwabe. Wenn er zu Hause nach Westen blickt, sieht er ins schöne Badnerland. Er kam aus der Nähe von Mühlacker und hatte in Gschwend einen Computer verkauft. Uwe war seit fast 15 Jahren arbeitslos, weigerte sich aber, *Hartz IV* zu beantragen, um nicht vom Staat abhängig zu sein.

»Ich müsste dann jeden dämlichen Job annehmen.« Stattdessen schlug er sich als Nachhilfelehrer durch, reparierte und verkaufte Computer, Videorecorder und andere technische Geräte oder aber Elektroschrott bei *ebay.* Eine Krankenversicherung hatte er nicht. Irgendwie wurschtelte sich Uwe also durchs Leben. Weshalb er uns aufgelesen hatte? »Ich fand das mit der badischen Fahne originell.« Normalerweise nehme er nur Frauen beim Trampen mit, aber seit es Internet gibt, gebe es kaum noch Anhalter.

Wir erzählten ihm unsere Geschichte, außerdem dass wir um halb drei vor dem *Mercedes-Benz-Museum* sein sollten und vorher noch etwas essen müssten, und zwar ohne Geld auszugeben. Was uns bei *Daimler* erwartete, verrieten wir dem Lebenskünstler lieber nicht. Auf alle Fälle mussten wir pünktlich sein. Uwe sagte, er könne uns mit seiner roten Umweltplakette nur bis zum Stadtrand fahren, für Stuttgart selbst brauche man eine grüne Plakette. Er fluchte über die Politik, die das erfunden habe. Sein *Golf 2 Diesel* sei ein extrem sparsames Auto. Außerdem habe er im Laufe der Jahre enorm viel für die Umwelt getan, da er sich nie ein neues Auto gekauft habe. Viele hätten ihre alten Autos verschrottet, was eine Sauerei ohnegleichen sei. Der *Golf 2* sei eines der besten Autos aller Zeiten, praktisch unkaputtbar. Und falls mal was defekt sei, könne er es selbst reparieren. Über 450 000 Kilometer habe das Auto auf dem Buckel, in dem wir saßen. »Mit dem Essen wird es zeitlich knapp«, sagte ich zu Tino. »Ach was«, erwiderte Uwe, »ich lade euch ein.« Er habe genügend Brot, Konserven, Brotaufstrich, Käse, Gemüse und eine Flasche Wein dabei. Das sollte für drei reichen. »Und hinterher koche ich euch einen Kaffee.«

»Unser« Mercedes wartet schon auf uns.

Bei Weinstadt, kurz vor Stuttgart, fuhr Uwe an den Rand eines Feldweges, parkte zwischen zwei Weinbergen und legte los. Für uns lief alles im Zeitraffer ab. Er klappte den Kofferraumdeckel hoch und lud aus. Eine Tiefkühlbox, eine Kiste Mineralwasser, einige Büchsen mit verschiedenen Fischsorten, einige Tupperdosen, mit Mozzarella eingelegte Tomaten (Feinkost *Aldi*), Teller, Besteck, eine Flasche Riesling. Er stapelte zwei Plastikkoffer linkerhand und rechterhand einen vollen Wasserkanister sowie einen Werkzeugkoffer übereinander und schuf so Sitzgelegenheiten. In der Ablage des Kofferraums baute er einen Spirituskocher auf. »Perfekt, oder?« Er habe eben wenig Geld, und wenn er unterwegs sei, müsse er für alle Eventualitäten gewappnet sein. Sogar eine Möglichkeit, mobil zu duschen, habe er dabei. Wir hielten also zwischen württembergischen Weinbergen Brotzeit. Uwe und ich teilten uns die Flasche badischen Riesling. Tino lehnte dankend ab, denn später musste er noch ein deutlich größeres Gefährt steuern. »Guckt mal, ich habe sogar Paprika in den badischen Farben dabei«, amüsierte sich Uwe und legte ein gelbes und ein rotes Exemplar vor uns. Nach dem Essen quetschte sich Tino auf die Rückbank

Von der Steinzeit (Golf 2) ...

und hielt Siesta. Uwe kochte Wasser und spülte gründlich ab. Bevor er uns nach Fellbach brachte und bis vor die Tore Stuttgarts direkt an eine S-Bahn-Haltestelle fuhr, weckten wir Tino. Wahrscheinlich hat er noch nie einen Instant-Kaffee so sehr genossen. Wir beschlossen, unserem kauzigen Fahrer 50 Euro zu geben. Wahrscheinlich hatte er weniger Geld in der Tasche als wir, die wir eigentlich ohne Geld unterwegs waren.

Tino und ich könnten unterschiedlicher nicht sein. Wir sind in etwa so verschieden wie *Die Zwei*, wie Lord Brett Sinclair alias Roger Moore (Tino) und Danny Wilde alias Tony Curtis (ich). Tino ist zurückhaltend, ich frech. Ich war zuständig für die Kleinigkeiten des Lebens, etwa das Organisieren von Lebensmitteln, warmen Mahlzeiten und Wein, Tino eher für Stilfragen und die wirklich »gewaltigen« Dinge der Reise. Deswegen waren wir auch um 14.30 Uhr vor dem *Mercedes-Benz-Museum* verabredet. Tino wollte während der Reise gerne verschiedene Fortbewegungsmittel nutzen. Da *Daimler* zu Württemberg gehört wie zu Baden der Wein, hatte er im Vorfeld der Reise

... in die Gegenwart (Mercedes S 400 Hybrid).

über einen Bekannten mit dem Management von *Daimler* Kontakt aufgenommen. Nach ein paar E-Mails und Telefonaten hätte er einen *600er-Pullmann* samt Chauffeur bekommen können. Doch das war selbst Brett Sinclair eine Nummer zu groß, schließlich pflegte er selbst hinter dem Steuer zu sitzen. So waren wir nach dem Trip mit Uwe unterwegs, einen *Mercedes S 400 Hybrid* abzuholen, das neueste Modell, versteht sich.

Die Zeit wurde knapp, denn im Eifer des Gefechts fuhren wir mit der falschen S-Bahn und mussten noch die gesamte Mercedes-Straße entlang zu Fuß gehen, vorbei am *Cannstatter Wasen* und am *Daimler-Stadion* bis zur Hausnummer 100. Vor dem Museum wartete ein riesiges Gefährt auf uns, daneben zwei elegant gekleidete Männer. Wir begrüßten sie und ließen die Rucksäcke neben die Nobelkarrosse sinken. Während der ältere der beiden Herren Tino das Auto erklärte, musste ich wieder einmal telefonieren.

Ich bin beileibe kein Autonarr und kann allenfalls einen *Golf* von einem *Porsche* unterscheiden. Das letzte Mal saß ich kurz nach dem Abitur am Steuer des *Opels Kadett* meines Vaters. Dennoch bewunderte ich im *Mercedes-Benz-Museum* die Anfänge der Automobilgeschichte, die bekanntermaßen mit Carl Benz im Badischen begann. Benz wurde im Karlsruher Stadtteil Mühlburg geboren und starb in Ladenburg bei Heidelberg. Sein »Benz Patent-Motorwagen Nummer eins« von 1885 gilt als erstes Automobil.

Die Württemberger mögen in Sachen »erstes Automobil« anderer Meinung sein, doch Gottlieb Daimler hat aus Sicht manches Badeners vor allem dem Stadion des VfB seinen Namen geliehen. Mancher Mecklenburg-Vorpommer oder Österreicher reklamiert gar die Erfindung des ersten Autos für sein Land. Ein in Wien lebender Ingenieur aus dem Osten Deutschlands mit Namen Siegfried Marcus soll den Baden-Württembergern in Sachen erstes Automobil zehn Jahre zuvorgekommen sein. Wikipedia bestätigt zum Glück, dass »neuere Quellen« dieses Gerücht widerlegen. Wie dem auch sei: Das Auto wurde bei uns im Südwesten erfunden!

Angeblich lässt Angela Merkel einen *Mercedes S 400 Hybrid* fahren. Für den inoffiziellen badischen Finanz- und den Außenminister war das also das standesgemäße Gefährt. Da wir ohne Geld unter-

Museumstipp: Mercedes-Benz-Museum

Das Museum gehört zu den beeindruckendsten der Bundesrepublik. Die Architektur besticht durch Eleganz und Größe, Beton, Stahl und Glas. Der rollstuhlgerechte Rundgang beginnt auf der siebten Ebene und führt in weiten Kurven durch *Mythosräume* von der Erfindung des Automobils bis in die Gegenwart parterre. Hinzu kommen *Collectionsräume*. Sie zeigen thematisch geordnet die Fahrzeuge der Marke, beispielsweise einen Linienbus Mercedes-Benz O 305, ein Feuerwehrfahrzeug LF 3500 mit Drehleiter oder das *Papamobil* von Papst Johannes Paul II. Die Räume bieten dank ihrer großzügigen Fensterfassaden einen weiten Blick über Stuttgart und das Umland. Die Besucherführung und die museumspädagogische Aufbereitung der Sammlung sind als vorbildlich zu bezeichnen. Mit der Fahrzeugsammlung begann *Daimler* bereits im Jahr 1923.

Mercedes-Benz-Museum
Mercedesstraße 100
70372 Stuttgart
www.mercedes-benz-classic.com

wegs waren, kam mir die Idee, mit der Staatskarosse an eine Tankstelle zu fahren, um einen leeren Tank vorzutäuschen. Ich schlug vor, den einen oder anderen Schwaben um einige Euro für Spritnachschub zu bitten. Tino hatte Bedenken. Beim Sprit hört der Spaß auf, selbst bei den Schwaben. Außerdem wäre das ein Fall für *Verstehen Sie Spaß* und eine versteckte Kamera. Wir hatten jedoch keinen Moderator, der einen erbosten Fahrer oder Tankwart mit einer Einladung in die Sendung zur Räson bringen konnte.

Außerdem verbrauchte unser *Mercedes* so wenig Sprit, dass wir mehr als die von *Daimler* zugesagten vier Tage hätten kreuz und quer durch Württemberg fahren können, ohne den Tank wirklich leer zu fahren.

Auf der Fahrt nach Auenwald hatte Tino einen besseren Einfall: *Daimler* könnte doch mit unserem Buch für den sagenhaft sparsamen Hybrid werben: »Bei den Schwaben ist nur unser Hybrid geizig.« Brett Sinclairs *Aston Martin* jedenfalls war gegen unseren *Mercedes* ein lächerlicher Kleinwagen, ein Spritfresser sondergleichen.

Auenwald im Rems-Murr-Kreis mit seinen 7000 Einwohnern besuchten wir wegen Tinos Cousine Ingrid. Als diese von unserer Tour Wind bekam, mailte sie ihrem Vetter, wir mögen die badische Grablege in ihrem Nachbarort Backnang nicht vergessen. Außerdem seien wir herzlich zum Essen und zur Übernachtung eingeladen. Was wir uns nicht zweimal sagen ließen.

Ingrid und ihr Mann Karl-Heinz sind untypische Schwaben, vor allem Ingrid, die nicht gerne und äußerst selten Spätzle zubereitet (»das ist eine Sauerei«). Immerhin hatte sie bei ihren zahlreichen Reisen stets ein Spätzlebrett dabei, um für die Einheimischen am Amazonas und beim Chimborazo Spätzle zu schaben. Begeisterungsstürme ob dieser schwäbischen Spezialität sind nicht überliefert. Eine andere, weniger bekannte Spezialität gab es gleich zum Kaffee und Sekt: *Schwäbischen Mostkuchen.*

Das abendliche Menü bestand aus vier Gängen, als Hauptgang gab es Rehbraten, Knöpfle, Gemüse und dazu ein fürstlicher *Lemberger* des Weinguts *Zipf*. Es hätte für die komplette Familie von Tino und mir gereicht, einschließlich sämtlicher bereits verstorbener Großmütter und Großväter.

Rezept: *Schwäbischer Mostkuchen*

Zutaten für Mürbeteig:

150 g Mehl
75 g Zucker
75 g kalte Butter
1 TL Backpulver
1 Ei

Zutaten für Belag:

1 kg Äpfel
3/4 Liter Most
2 Pck. Vanillezucker
2 Pck. Puddingpulver, Vanille
250 g Zucker
1/2 Liter süße Sahne
Geraspelte Schokolade

Alternativ: Dr. Oetker Paradiescreme »Vanille«

Zubereitung:

Aus Mehl, Zucker, Butter, Backpulver und Ei einen Mürbteig herstellen. Im Kühlschrank 1/2 Stunde kühlen lassen, dann in eine Springform geben.

Aus Most, Zucker, Vanillinzucker und Puddingpulver einen Pudding kochen. Die Äpfel raspeln und unter den Pudding rühren. Die abgekühlte Masse in die Springform füllen. Bei 150 bis 180°C ca. 1 Stunde backen.

Kuchen in der Form erkalten lassen.

Sahne steif schlagen und den kalten Kuchen damit bedecken und mit geraspelter Schokolade verzieren.

Oder den Kuchen mit *Dr. Oetker* Paradiescreme (Vanille) servieren.

Vom Urvater der Badener in den Stuttgarter Landtag

Matthias Kehle

Nicht überall, wo Württemberg draufsteht, sind auch Schwaben drin. Dass man hier und da mit Hohenzollern, Allgäuern, Oberschwaben, ja sogar Franken und Hessen rechnen muss, hatten wir inzwischen gelernt. Aber dass in Württemberg so vieles badisch ist? Am letzten Tag des Monats April näherten wir uns der Hauptstadt unseres schönen Bundeslandes und warfen zunächst in Backnang einen Blick in die Vergangenheit. Die ersten Siedler im Stuttgarter Raum waren wohl Römer. Archäologische Funde zeigen, dass sich dort in der späten Merowingerzeit eine bäuerliche Siedlung befand, ein Gestüt. Daher auch der Name *Stuttgart*, der sich von *Stuotengarten* ableitet. Der nach drei Seiten abgeschlossene Talkessel erschien den damaligen Bauern ideal für die Pferdezucht. Die Siedlung nahe des Gestüts kam in den Besitz der Markgrafen von Baden, Hermann V. erhob *Stuotengarten* 1219 zur Stadt. Was wohl geschehen wäre, hätte Mechthild von Baden, die 1251 ins Württembergische heiratete, den Ort nicht als Mitgift bekommen, bleibt der Fantasie der Historiker überlassen. Vielleicht wäre dann die Hauptstadt des Bundeslandes badisch?

Stuttgart wurde also von Badenern gegründet. Nach dem Frühstück bei Ingrid und ihrem Mann Karl-Heinz tauften wir unseren *Mercedes* deshalb auf den Namen des Stuttgarter Gründervaters, Hermann V., sowie den Urvater aller Badener, Hermann I., den wir vor unserer Visite in Stuttgart noch besuchen wollten – wir tauften ihn auf den Namen *Hermännle*. Ein Diminutiv muss im Schwäbischen sein, auch und erst recht für das wohl tollste Auto auf den Straßen des Ländles.

Der Erste aller Hermänner und Badener ruht in der Grablege in Backnang. Den wollten wir mit unserer badischen Fahne besuchen.

Stadtarchivar Bernhard Trefz, der uns in Backnang in Empfang nahm, brachte uns zunächst zu Oberbürgermeister Frank Nopper, der mit Begeisterung die badische Flagge in die Kamera hielt. Nach seiner Überzeugung gibt es in Baden-Württemberg keine weitere Gemeinde, die derart den Bindestrich von Baden-Württemberg sym-

Bunte Blütenpracht: der frühlingshafte Stuttgarter Schlossplatz.

Hier liegen sie, die ersten badischen Markgrafen – in der Krypta der Kirche Sankt Pankratius.

bolisiert wie Backnang. »Eine geballtere Ladung Baden in Württemberg gibt es nicht.« Backnang war von frühestens 1070 bis spätestens 1304 in badischem Besitz und bis Mitte des 13. Jahrhunderts sogar Grablege und Residenz der Markgrafen von Baden. Erst um 1300 kam Backnang zu Württemberg. Überhaupt war es damals üblich, durch Heirat und Erbfolge die verschiedenen Territorien quasi hin- und herzuschieben, die Badener – das sieht man auch an Stuttgart – waren tief ins heutige Württemberg vorgedrungen, auch rund um Lauffen und Besigheim gab es badische Besitztümer. Undenkbar, dass heute badische und württembergische Fußballfans zusammen feiern – außer in Backnang, wo man 2012 anlässlich des 60. Geburtstags Baden-Württembergs und des 900. Geburtstags Badens zum dritten Mal das *Badische Markgrafenfest* im Herzen Württembergs beging. Oberbürgermeister Nopper versprach, das Fest zum 950. Geburtstag Backnangs im Jahr 2017 wieder zu organisieren. Wir werden dabei sein!

Wer die prächtige Großherzogliche Grabkapelle der letzten badischen Markgrafen im Karlsruher Schlossgarten kennt, wird auf den ersten Blick enttäuscht sein, wenn er hinabsteigt zu den badischen Urvätern. Die schlichte Krypta der alten romanischen Kirche, in die die Steinsärge erst 1929 verlegt wurden, ist nur im Rahmen einer Führung zugänglich. Bernhard Trefz ging mit uns durch die heutige evangelische Stiftskirche, öffnete mit einem überdimensionalen Schlüssel die Tür zur Krypta und stieg mit uns hinab. Da lag er also vor uns, der Steinsarg von Markgraf Hermann I., gestorben um 1123.

Während die letzten Markgrafen sich ein markantes Mausoleum bauen ließen, suchten die frühen die Nähe der Kirche, beziehungsweise gründeten eine, schließlich sollte hier im Augustiner-Chorherrenstift täglich für ihre Seelen gebetet werden. Die Sargplatte aus Sandstein und die Bronzetafeln an der Wand mit badischem Wappen sowie eine Inschrift preisen den Markgrafen als Gründer der Stiftskirche. Obwohl ich kein hartgesottener Badener bin, ergriff mich die Ehrfurcht, vor allem als Bernhard Trefz erklärte, dass man bei einer Öffnung der Sarkophage tatsächlich sterbliche Überreste, sprich Knochen, gefunden und fotografiert habe. Übrigens ist es mit den Ordnungszahlen der Hermänner schwierig: Als Markgraf von Baden führt Urvater Hermann die Ordnungszahl I, als Träger des Namens Hermann in der Familie die Ordnungszahl II. Neben ihm ruhen hier noch seine Gemahlin Judith, vermutlich die Kinder Hermann, Rudolf und Judith sowie Markgraf Hermann III. mit Gattin Bertha. Übrigens lebte und starb auch einer der witzigsten schwäbischen Musiker in Backnang. Seine Songs kennt sogar mancher Badener auswendig: nämlich Wolle Kriwanek (1949–2003). Hoffentlich sollte es uns nicht so gehen wie seinem Protagonisten in dem Hit »Stroßaboh«, das mit den Worten endet: »I hab koin Pfennig für a Daxxi indr Dasch / Da lauf i hald hoim / Leck mi am Arsch.«

Als wir Backnang Richtung Stuttgart verlassen hatten, fiel es mir ein: Wir hatten vergessen, die badische Flagge andächtig auf den Sarg unseres Urvaters zu legen und ein stilles Gebet zu sprechen. Wenigstens ein Foto hätten wir machen sollen.

Um halb eins trafen wir uns vor dem *Café Künstlerbund* mit den Landtagsabgeordneten Sabine Kurtz (CDU) und Manfred Kern (Grüne), beide jeweils kulturpolitische Sprecher ihrer Partei. Wir hatten uns vor unserer Tour mit ihnen verabredet, schließlich sollte die politische Dimension bei unserer Reise nicht zu kurz kommen. Sabine Kurtz hatte uns in der Tiefgarage des Landtags einen Stellplatz reserviert, und natürlich schaute ich gleich nach, ob es nicht noch größere und tollere Autos neben uns gab. Eindeutig nein.

Von den beiden wollten wir wissen, wie sich denn die badischen und württembergischen Abgeordneten im Landtag vertrugen und ob man die Unterschiede der Landesteile bemerkte. Der Kurpfälzer Manfred Kern meinte, dass die Abgeordneten auf alle Fälle das Land als Ganzes sähen, dass es nicht Schuld der Abgeordneten sei, wenn manche Badener sich übervorteilt fühlten. Innerhalb der grünen Fraktion gibt es allerdings regelmäßig einen Konflikt zwischen den beiden Landesteilen. Wenn bei eher gemütlichen Runden Manfred Kern auf seiner Gitarre das *Badnerlied* spielt, singen sämtliche Abgeordneten aus dem Westen des Landes andachtsvoll mit. Wenn er gleich darauf das *Lied der Württemberger* spielt, singen allenfalls drei oder vier mit. Was nicht nur für Hohn und Spott auf badischer Seite sorgt. Kulturstaatssekretär Jürgen Walter verlässt sogar angeblich den Raum, wenn das *Badnerlied* gesungen wird. Das sei »revanchistisch«, so Manfred Kern. Wir werden ihm bei Gelegenheit einen Besuch abstatten und ihn mit der badischen Fahne fotografieren.

Bei der CDU gebe es innerhalb der Fraktion einen historisch gewachsenen festen Zusammenhalt unter den badischen Abgeordneten. Frau Kurtz verspürt einen gewissen »Korpsgeist«. Zudem orientierte sich die »innere Struktur« der CDU, die Bezirksverbände, an den historisch gewachsenen Landesteilen. Es gebe mitunter Bestrebungen des Bezirksverbandes Nordwürttemberg, diese aufzulösen, doch die anderen wehrten sich dagegen.

Bei allem Spaß und Klamauk dieser Reise: Es gibt sie, die Konflikte zwischen Baden und Württemberg. Baden fühlt sich oft genug im Nachteil gegenüber Württemberg. Bei unseren Gesprächen mit den Menschen etwa in Oberschwaben stellten wir fest, dass es die »Zentralschwaben«, also die Stuttgarter sind, deren Zentralismus auch in anderen Landesteilen für Unmut sorgt. Manfred Kern verwies zu Recht auf die zwei Hauptstädte des Landes, Karlsruhe sei eben historisch die badische Residenz.

Wenn man genau nachrechne, seien es übrigens die Badener, die pro Einwohner einen Euro mehr in Sachen Kultur bekämen als die Württemberger. Einwurf von Sabine Kurtz: Bei dem Thema »Fusion der Rundfunkorchester« koche das alte Thema wieder hoch. Es sei politisch ungeschickt, den Sitz des fusionierten Orchesters nach Stuttgart zu verlegen und nicht nach Freiburg. Hier sei man nicht sensibel genug gewesen. Die beiden Parteienvertreter waren sich in diesem Fall einig. Ein weiterer Konflikt zwischen Baden und Württemberg entzündet sich an der Tatsache, dass die Kinder entlang der Rheinschiene ab der ersten Klasse Französisch lernen müssen. Wir nahmen zu Protokoll, dass beide Politiker der Ansicht sind, dass das für die deutsch-französische Freundschaft wichtig sei, aber im ganzen Ländle einheitlich gehandhabt werden müsste. Wir waren anderer Meinung: So wichtig ist die Sprache Französisch in der Welt des 21. Jahrhunderts nicht.

Im Jahr 2006 wäre es fast zu einer handfesten Auseinandersetzung zwischen Baden und Württemberg gekommen, als die damalige Landesregierung unter Ministerpräsident Oettinger Handschriften aus der *Badischen Landesbibliothek* verscherbeln wollte, um dem verarmten badischen Markgrafen unter die Arme zu greifen – sehr verkürzt formuliert. Es brach ein internationaler Proteststurm los. Was bis heute nicht öffentlich bekannt wurde, ist folgende Begebenheit: Die Strip-

So viel Harmonie war noch nie: Die Landtagsabgeordneten Sabine Kurtz und Manfred Kern mit der badischen Flagge.

penzieher unter den Karlsruher Protestierenden hatten herausgefunden, dass an einem bestimmten Tag der Intimus von Bundeskanzlerin Angela Merkel und Fraktionsvorsitzender der CDU, Volker Kauder, im Landtag zu Gast sein würde. Die Badener wollten an diesem Tag zum Sturm auf die Bastille blasen. Es war bereits ein Bus geordert, die *Badische Bürgerwehr* gekleidet in historischem Gewand stand bereit. Auch eine ganze Reihe Prominenter wollte an diesem Tag den Landtag »stürmen«, wohl wissend, dass für ein erhebliches Aufgebot an Presse und Fernsehen gesorgt war. Am Abend vor Kauders Auftritt und dem geplanten badischen Aufmarsch ließ der Ministerpräsident mitteilen, dass die Landesregierung von dem Verkauf Abstand nehme.

Zum Abschluss unseres Gespräches mit den beiden – die uns übrigens aus eigener Tasche zum Mittagessen einluden – machten wir ein historisches Foto: Vor dem Landtag (der in dieser Zeit neben dem *Café Künstlerbund* tagte, da das eigentliche Landtagsgebäude gerade renoviert wurde), posierten Sabine Kurtz aus Leonberg sowie Manfred Kern aus Schwetzingen mit der badischen Fahne. Im Hintergrund war zu lesen: *Württembergischer Kunstverein.* Besser kann man Baden-Württemberg nicht symbolisieren! Ein Kurpfälzer und eine Schwäbin mit badischer Fahne vor einer württembergischen Institution, ein Vertreter der Regierungspartei und eine Vertreterin der Opposition – großartig!

Von den Bistro-Tischen nebenan kamen lautstarke kritische Stimmen in breitem Honoratiorenschwäbisch: »Frau Kurtz, des könnet Se net mache, des isch ein politisches Statement!« oder »Das ischt eine nicht angemeldete Demonschtration, und das innerhalb der Bannmeile.« Wir gehen davon aus, dass die Kolleginnen und Kollegen von Frau Kurtz das ironisch meinten. Derweil kam eine Stimme von einer Besuchergruppe: »Da drüben sind ja die beiden badischen Schriftsteller!«

Nach dieser nicht angemeldeten Demonstration besuchten wir Ministerpräsident Kretschmann. Fast jedenfalls. Der quirlige Manfred Kern sorgte innerhalb weniger Minuten dafür, dass wir eine Besucherplakette trugen und am Sicherheitspersonal vorbei plötzlich vor dem Büro des Ministerpräsidenten standen. Manfred Kern und damit auch wir scheiterten an den Vorzimmerdamen. Sie machten das, was gute Sekretärinnen machen müssen: aufdringliche Besucher abwimmeln! Wir würden wiederkommen, und zwar am 6. Mai. Manfred Kern wollte dafür sorgen, dass wir von unserem Landesvater empfangen würden!

Für die Fahrt von der Landtagstiefgarage in Stuttgart zu unserer nächsten Station Gemmrigheim bei Lauffen am Neckar benötigten wir zweieinhalb Stunden – es war nämlich Feierabendverkehr. »Die Zielführung wird aufgrund aktueller Verkehrsmeldungen neu berechnet«, sagte die Frauenstimme des Navis gefühlte tausend Mal. Wir nannten sie liebevoll »Frau Zetsche«. An diesem Tag lernten wir sämtliche Stadtteile und mehrere Seitenstraßen Stuttgarts kennen, außerdem die Innenstadt Ludwigsburgs, immerhin ohne nass zu werden, denn draußen gingen gewaltige Schauer nieder. Wir schwebten sanft wie auf einer Wolke durch die Gegend, bei jeder kleinen Kurve schmiegte sich die Form des Sitzes unseren Rücken an. Der Lärm der Straßen drang kaum an unsere Ohren. Ich genoss die zweieinhalb Stunden, Tino steuerte das *Hermännle* sicher bis vor's Haus unseres nächsten Gastgebers.

Gastrotipp: Café Künstlerbund

Wer in Stuttgart weilt und einige unserer Politiker leibhaftig erleben möchte, kann entweder den Landtag besuchen oder das *Café Künstlerbund* ganz in der Nähe. Hier gibt es einen preiswerten Mittagstisch, den manche Politiker gerne nutzen, auch Frühstück bietet das Café an. Die Preise sind gegenüber den anderen Restaurants und Cafés am Schlossplatz etwas günstiger.

Café Künstlerbund
Schlossplatz 2
70173 Stuttgart
www.cafe-kuenstlerbund-stuttgart.de

Unterwegs mit dem Trollinger-Taxi

Tino Berlin

Vor ein paar Tagen hatten wir nicht einmal ansatzweise geahnt, dass wir in dem rund 4000 Einwohner zählenden Ort Gemmrigheim übernachten würden. Dank Martin vom *Hofgarten* in Sigmaringen, der uns den Kontakt vermittelt hatte, sollten wir Michael Kopp kennenlernen. Viel wussten wir nicht von unserem neuen Herbergsvater, nur dass er Freizeitwinzer war. Das war schon mal ganz nach unserem Geschmack.

»Ihr dürft im Bett der Oma schlafen«, eröffnete uns Michael Kopp gleich nach der Ankunft.

Die weile nämlich gerade in Spanien und wisse nicht, dass wir überhaupt existierten. Und schon gar nicht in ihrem Bett. Nachdem wir unsere Rucksäcke abgestellt hatten, steckten wir die Kabel unserer Smartphones und Kameras zum Aufladen in die Steckdosen. Gleich darauf wurden wir ins Wohnzimmer gerufen, dem Ort der Weinverkostung. Das *Hermännle* hatten wir also für die nächsten Stunden mit dem Wohnzimmer von Michael Kopp eingetauscht.

Das Wohnzimmer: Eine Sofalandschaft, Hirschgeweihe an der Wand, dazwischen sorgsam gerahmte Fotos der Ahnen, Kuckucksuhren tickten. Ein massives Wohnzimmerbüfett aus der Zeit der Jahrhundertwende mit allerlei Nippes aus verschiedenen Epochen.

Michael Kopp, der stattliche Mann mit Zwirbelschnurrbart und Händen, die von harter Arbeit zeugten, saß an der einen Seite des Tisches. Seine Frau Dagmar hatte für Schnittchen gesorgt. Wir wussten nicht, welche Informationen sie vorab über uns erhalten hatte. Der Menge von belegten Broten nach zu urteilen, musste sie mit ausgemergelten, halbverhungerten Wanderern gerechnet haben, die sich mit letzter Kraft in ihr Heim schleppen konnten. Ein »Hüngerchen« hatten wir tatsächlich, und die Schnittchen waren schnell verspeist. Fehlte nur noch der Wein. Der lagerte bereits unter dem Tisch. Winzer Michael Kopp zauberte eine Flasche nach der anderen unter dem offenbar sehr geräumigen Wohnzimmertisch hervor. Schließlich war eine imposante Batterie von Flaschen vor uns aufgebaut. »Nur Kostpröbchen aus meiner Produktion!«

Riesling, Trollinger Rosé, Blanc de Noir, Trollinger Rotwein, Trollinger mit Lemberger, Apfelwein.

Noch konnten wir nicht ahnen, dass im Keller des Hauses weitere Köstlichkeiten auf uns warteten. Zu diesem Zeitpunkt waren wir längst zum vertraulichen »Du« übergegangen.

Michael klärte uns auf. Nebenerwerbswinzer sei er und überdies der einzig Verbliebene in Gemmrigheim. Zehn kleine Weinberge nennt Michael Kopp sein Eigen. Auf den rund 0,8 Hektar Nutzfläche erwirtschaftet er jährlich einen Ertrag von 6000 bis 10 000 Litern Wein. Seine Kunden kommen in erster Linie aus dem privaten Bereich, doch auch Wirte interessieren sich zunehmend für seine Produkte, die er ausschließlich selbst vermarktet.

Während wir seinen Ausführungen lauschten, machte sich Michaels Frau Dagmar im Flur vor dem Spiegel zurecht. Sie beabsichtigte, sich mit Freunden in einer Besenwirtschaft zu treffen. Im nächsten Moment war ein penetrantes Zischen zu hören, das ich nur zu gut von meiner eigenen Frau kannte: Deoalarm!

Mit Macht näherte sich die Duftwolke unserem Weinprobetisch.

»Frau, mach die Tür zu!«, rief Michael.

Zu spät. Der Albtraum eines jeden Sommeliers, der gerade im Begriff ist, seinen Gästen einen Jahrhundertwein zu empfehlen.

Bevor Dagmar reagieren konnte, war Michael bereits zur Tür gestürzt, um noch Schlimmeres zu verhindern.

»Reine Chemie«, sagte er verächtlich. »Bäbb und Kleb.«

Womit wir wieder beim Thema wären. Ob er Chemie in der Weinwirtschaft einsetzte, wollten wir wissen. »Nun«, erklärte er, Biobauer sei er zwar nicht, aber mit Chemie habe er auch nichts am Hut. Als Spritzmittel setze er Molke und Backtriebmittel ein, einen Traktor könne er bei der Steillage nicht nutzen, nachhaltiges Düngen mit Mist sei Ehrensache. Sorgen bereiteten ihm die Weinbergmauern, welche die Neigung hätten, der Schwerkraft zu folgen und sich nach vorn zu neigen, bis sie kollabierten. Kostspielig sei es und überdies zeitaufwändig, die für die Gegend typischen Trockenmauern zu erhalten

Dass Michael auf Chemie verzichtet, machte ihn noch sympathischer. Je länger wir seinen Ausführungen lauschten, desto deutlicher wurde, dass er seine Tätigkeit als Winzer aus Leidenschaft betrieb. Diese Leidenschaft ist mehr als eine Freizeitbeschäftigung, sie ist Teil seines Lebens.

Der Kapitän unseres Trollinger-Taxis: Jürgen Spahr, der »Checker vom Neckar«.

»Geld lässt sich damit nicht viel verdienen«, erklärte er. Schließlich habe er vier Jungs zu ernähren, daher sei er im Hauptberuf Werkzeugmacher und Schlosser. Er bot uns eine weitere Kostprobe an, einen Trollinger.

»Trollinger un Schwob g'hört oifach zamme«, erläuterte er und schenkte uns einen kräftigen Schluck ein. Offen gesagt hatten wir noch nie einen wirklich guten Trollinger getrunken, bis wir im Wohnzimmer von Michael Kopp eines Besseren belehrt wurden. Der beste Trollinger überhaupt, den wir je genossen hatten, stammte von Michael Kopps Wingert. Und das ist keine Übertreibung.

Der kredenzte Wein schmeckte von Versucherle zu Versucherle besser. Das lag nicht am mittlerweile angestiegenen Alkoholpegel, sondern eindeutig an der zunehmenden Qualität des Weines.

Insbesondere der »Sonndigswein«, der Muskat-Trollinger, schmeichelte unserem Gaumen. Ein weiteres Vorurteil war getilgt: Trollinger kann vorzüglich schmecken, wenn man an den Richtigen gerät.

Mit einem weiteren Klischee räumte Michael auf: *Dornfelder* ist ursprünglich kein Pfälzer Wein, sondern wurde zunächst im Schwäbischen angebaut. Von Weinsberg kam er schließlich in die Pfalz, von wo er seinen Siegeszug antrat.

Michaels Frau Dagmar kam unverrichteter Dinge von der Besenwirtschaft zurück, irgendetwas hatte nicht geklappt. Im Schlepptau hatte sie Jürgen Spahr, einen Freund des Hauses. Jürgen war ebenfalls Winzer, als Mitglied einer Genossenschaft. Die beiden versuchten, uns zum Spargelessen in einem Gasthaus zu überreden. Der Wein in Michaels Wohnzimmer schmeckte indes hervorragend, und so ließen sich Dagmar und Jürgen von der gestiegenen Stimmung anstecken und blieben.

Die Runde wurde immer fröhlicher, wir verstanden uns prächtig. So prächtig, dass uns Jürgen einlud, am kommenden Tag, dem 1. Mai, mit seinem Boot durch die Weinberge zu fahren. Hatten wir uns verhört? Mit einem Boot durch die Weinberge? Sicher meinte Jürgen, er wolle mit uns über den Neckar fahren, unterhalb der Weinberge. Am Ende des Abends ging es in den Keller, wo riesige Fässer mit verschiedenen Weinen lagerten. Weitere Gläser wurden gefüllt, es gab noch ein Schnäpschen von diesem und einen Brand von jenem. Mit

Feuchtfröhliche Fahrt: die Autoren mit Dagmar Kopp und »Käpt'n« Jürgen Spahr im Trollinger-Taxi. Tief unten der Neckar.

heiterer Gelassenheit wankten wir endlich die Stufen zu Großmutters Doppelbett hinauf. Wir schliefen sehr entspannt. Ein Monchichi am Kopfende von Großmutters Bett wachte über unseren Schlaf und hielt böse Geister fern.

Wie sich am nächsten Morgen herausstellte, hatte es auch böse Weingeister ferngehalten. Keine Spur von einem Kater – ein Zeichen für die Qualität der Weine und Spirituosen, die wir wenige Stunden zuvor genossen hatten.

Heute war der 1. Mai. Tag der Arbeit. Das musste gefeiert werden. Nach dem Frühstück fuhren wir allesamt ins nahe Hessigheim. Jürgen erwartete uns am Neckarufer. Auf dem Kopf trug er eine Kapitänsmütze mit Trollinger-Wappen. Er lächelte verschmitzt und lud uns ein, sein Boot, das Trollinger-Taxi, zu besteigen. Wir staunten nicht schlecht. Jürgens Trollinger-Taxi wäre tatsächlich für eine Tour auf dem Neckar tauglich gewesen. Aber anders als wir erwartet hatten, befand sich das Schiff nicht im Wasser, sondern war auf einen Anhänger montiert, gezogen von einem Traktor.

Das Boot war mit einigen Flaschen Wein ausgestattet, die Weingläser hatten einen schiefen Stiel, waren also der Neigung der Weinberge angepasst. Am Bug hatte Jürgen eine Schiffsglocke aus Hamburg und eine Galionsfigur montiert: eine überdimensionale 5-Liter-Flasche Trollinger.

Jürgen Spahr erwies sich als wahrer »Checker vom Neckar« – so übrigens gedachte er, sein nächstes »Taxi« zu taufen.

Nun war uns klar, dass die Reise mit dem Schiff definitiv nicht über den Neckar gehen sollte, wie wir vermutet hatten, sondern durch die Weinberge über dem Neckar. Dies war eine dem Maifeiertag angemessene Idee. Allerorten waren bereits feiernde Gruppen unterwegs, die dem Wetter trotzten. Jedes Mal, wenn wir mit unserem Trollinger-Taxi eine heitere Gruppe passierten, stieg die Stimmung auf den Straßen Hessigheims weiter an. Ein Boot auf einer Landstraße ist kein alltäglicher Anblick.

Jürgen steuerte den Trecker und blieb nüchtern. Dagmar, Michael und wir zwei ließen uns schippern. Feuchtfröhlich ging es in unserem Trollinger-Taxi zu, unserer Stimmung tat der Nieselregen jedenfalls keinen Abbruch.

Vorbei an teilweise über hundert Jahre alten Rebstöcken ging es den Weinberg hinauf. Immer wieder wurden wir von Maiwanderern gegrüßt, die Jürgens Gefährt bewunderten.

Wir betrachteten die Frachtkähne, die gemächlich über den Neckar schipperten. Irgendwie war alles der lärmenden Welt entrückt.

Trollinger-Tipp

Weinbau Michael Kopp
Bergstraße 2
74376 Gemmrigheim
www.weinbau-kopp.de

Laufen gegen Lauffen

Matthias Kehle

Welch' wunderbare Weine hatten wir schon von den Winzergenossenschaften Laufen und Lauffen getrunken! Laufen in Baden und Lauffen am Neckar, versteht sich. Grund genug für uns, einen Abstecher nach Lauffen zu machen. Zumal das Städtchen im 13. Jahrhundert zeitweise an Baden verpfändet war, wie übrigens auch Eppingen und Sinsheim. Mehr noch, wir wollten den Württembergern hier die Aufgabe stellen, uns zu beweisen, dass ihr Wein mit dem badischen mithalten kann.

Bürgermeister Klaus-Peter Waldenberger war begeistert, wir müssen gestehen, dass der großartige Einfall »Lauffen gegen Laufen« von ihm stammte. Er selbst konnte an der Weinverkostung nicht teilnehmen, da er am 1. Mai in der Partnerstadt weilte und damit auch das Feuerwehrfest verpasste, auf dem wir diesen Tag dann beschließen sollten.

Zum Glück hatten wir an diesem Tag unser *Hermännle*, denn es schüttete ab Mittag, als wir die paar Kilometer von Gemmrigheim den Neckar entlang nach Lauffen fuhren. Der 1. Mai war für uns Familientag, Tinos Frau Heide-Rose und sein Sohn Janik kamen zu Be-

- **Drei Badener, drei Württemberger: Eine reiche Auswahl an Qualitätsweinen steht zur Weinprobe bereit.**

such, außerdem meine Ehefrau Anja. Die Familien waren allmählich neugierig geworden, was wir so erlebten.

Einen kostenlosen Übernachtungsplatz im Feuerwehrhaus war uns von Klaus-Peter Waldenberger zugesagt worden, doch Anja lud mich ein, gemeinsam mit ihr im *Hotel Elefanten* zu nächtigen. Wir fuhren dort mit dem *Hermännle* vor. Der Chef des Hauses hatte uns vom Fenster aus beim Einparken beobachtet und war entsprechend verwundert, als ich meine inzwischen oft geübten Sätze zum x-ten Mal wiederholte: Wir seien Badener und zögen ohne Geld durch Schwaben und so weiter. Ob wir denn die mit dem dicken Mercedes seien? Klar. »Die brauchen immer eine Extra-Behandlung«, sagte er stirnrunzelnd. Er ließ sich jedoch schnell davon überzeugen, Tino und mich zum Mittagessen einzuladen. Spezialität des Hauses: Maultaschen geschmälzt mit Zwiebeln oder überbacken mit Ei. Beides Köstlichkeiten.

Vor der Weinprobe trafen sich die beiden Familien, außerdem Tinos Cousine Ingrid sowie deren Gatte Karl-Heinz im Hölderlin-

Gastrotipps: Hotel-Restaurant *Elefanten* und *Dächle – das schwäbische Wirtshaus*

Das bio-zertifizierte Hotel *Elefanten* ist seit Generationen in der Hand von Familie Glässing und gilt als bestes Restaurant und Hotel in Lauffen. Auf der Speisekarte finden sich regionale und saisonale Speisen, Spezialitäten sind Maultaschen. Von Montag bis Donnerstag wird mittags ein Business-Menu angeboten. Das Preisniveau ist im mittleren Bereich angesiedelt. Nach einer Familienlegende besaß ein Vorfahr von Mike Glässing in Lauffen bereits ein Hotel mit Namen *Bären*. Als dieser ein größeres Hotel eröffnete, musste auch ein größeres Tier diesem seinen Namen leihen. So kam es zu dem ungewöhnlichen Namen für ein Hotel in Süddeutschland.

Hotel-Restaurant Elefanten
Bahnhofstraße 12
74348 Lauffen am Neckar
www.hotel-elefanten.de

Das Hotel ist täglich geöffnet, das Restaurant hat freitags Ruhetag und ist samstags erst abends geöffnet. Von Montag bis Donnerstag sowie sonntags sind die Öffnungszeiten von 12 bis 14 sowie von 18 bis 22 Uhr.

Rustikaler geht es um die Ecke zu, im *Dächle – das schwäbische Wirtshaus*. Wer es gemütlich und urig zu günstigen Preisen haben möchte, ist hier gut aufgehoben.

Dächle
Hintere Straße 2
74348 Lauffen am Neckar
www.daechle-lauffen.de

zimmer, einem kleinen Museum, das dem berühmten Sohn der Stadt gewidmet ist. Leider sahen wir von dem Städtchen nicht viel, denn wie gesagt: es schüttete. Wir kannten das hübsche Städtchen aber noch von früheren Besuchen. Und: Hier in Lauffen stand ohnehin der Wein im Mittelpunkt. Und vorher ein Häppchen Kultur! Schließlich mussten wir unserem berühmten Kollegen Tribut zollen.

Zur Weinverkostung ging es hinauf zum Lauer-Häuschen. Ursprünglich wollten wir dorthin wandern, doch es regnete nach wie vor. Außerdem waren nicht alle so gut zu Fuß wie wir Abenteurer, schließlich war neben den Lauffenern noch unsere Verwandtschaft dabei. Also durften wir wieder einmal Feuerwehrauto fahren, wie einige Tage zuvor von Wangen nach Ravensburg. Das *Hermännle* blieb auf dem Parkplatz des *Elefanten* stehen. Leider war es kein Feuerwehrhubschrauber, also mussten wir noch einige hundert Stufen hinaufsteigen bis zu jenem Häuschen. Wir bekamen nun zu spüren, was »Steillage« bedeutet, nämlich ein Aufstieg, der eher an die Alpen erinnerte als an ein harmloses Mittelgebirge. Der Neckar hat im Laufe der Jahrmillionen ganze Arbeit geleistet. Selbst ich als alter Bergsteiger war außer Atem, als wir oben ankamen. Nun also ging es für die Württemberger Winzer ans Eingemachte!

Nullsummenspiel: die Rechnung aus dem Hotel *Elefanten*.

Marian Kopp von der *Winzergenossenschaft Lauffen* hatte

Erst die Arbeit, dann die Mühsal: Steilaufstieg zur Weinverkostung.

sechs Flaschen Wein dabei, vier Weißweine, davon je zwei aus seiner eigenen Winzergenossenschaft und aus der badischen in Laufen im Markgräflerland, der definitiv wärmsten und sonnigsten Ecke unserer Heimat. Württembergische Steillage trat gegen badische Sonne an! Hinzu kam je eine Flasche Spätburgunder aus den beiden Winzergenossenschaften. Die Tester: Tino und ich. Protokoll führte meine Frau Anja, offizielle Vertreter waren der stellvertretende Bürgermeister Frieder Schuh als Abgesandter der Stadt, außerdem Marian Kopp und Ulrich Maile – beide von der Winzergenossenschaft Lauffen. Ferner drei erwachsene und ein minderjähriger Zeuge: Tinos Ehefrau Heide-Rose, seine Cousine, deren Mann sowie Tinos Sohn Janik. Wir Tester bedankten uns nachdrücklich für einen professionellen Aufbau der Versuchsanordnung zur Blindverkostung sowie die zur Verfügung gestellten kulinarischen Häppchen in Form von Käse, Trauben und Baguette.

Wir beide sind leidenschaftliche »Laienweintrinker«. Tino bevorzugt französische Rotweine, ich spanische und italienische. Als Weinkenner würden wir uns nicht bezeichnen, weshalb uns auch keine

Weinkritik von den Lippen kommen würde, wie ich sie im Juni 2014 im *Hohlspiegel* gelesen habe: »Intensives Kräuteraroma, gepaart mit etwas Kirsche, Himbeere, Stachelbeere, Chicorée, gering auch nach Waldmeister und einem feuchten ausgewrungenen Putztuch.« Michael Kopp hatte uns gestern Abend eingeschärft, dass die badischen Weißweine kräftiger und fruchtiger seien, jeweils mehr Alkohol hätten. Das würden sogar wir erkennen. Wir gingen davon aus, dass diese Tatsache auch den Profis von der Lauffener Winzergenossenschaft geläufig war, weshalb sie bei der Weinauswahl bestimmt auf fruchtige,

Trollinger

Wer in Südtirol Urlaub macht und den *Roten Vernatsch* preist, darf den Trollinger nicht schelten, denn es ist die gleiche Rebsorte. Der Begriff »Trollinger« kommt denn auch nicht etwa von den norwegischen »Trollen«, sondern von »Tirolinger«. Eingeschleppt wurde der Wein von den Römern. Er breitete sich vom Rhein über das Neckartal aus und gedeiht heute fast ausschließlich im Württembergischen, von ein paar im Kraichgau versprengten Weinbergen abgesehen.

Als »frisch« und »saftig« wird er oft beschrieben, was am hohen Säuregehalt liegt. Außerdem ist er nicht lange lagerfähig und nach einem Jahr trinkreif. Zum Prädikatswein ausgebaut wird das württembergische Nationalgetränk so gut wie nie. Ein Großteil des Trollingers wird mit Lemberger verschnitten, was bei Weinkennern besonders verpönt ist. Dass die Vorurteile gegenüber dem Trollinger nicht nur im Badischen beheimatet sind, zeigt ein *Wikipedia*-Zitat: »Der Trollinger ist der Inbegriff des schwäbischen Viertele-Weines – und damit Ausdruck einer bodenständigen Weinkultur im Württembergischen; der Wertschätzung, die er in seinem Hauptanbaugebiet erfährt, steht außerhalb davon weitgehende Ablehnung entgegen.« Der Trollinger hat zahllose Beinamen erhalten, etwa *Hammelshoden, Mohrendutte* oder *Zottelwälscher*.

kräftige Württemberger gesetzt hatten, um uns in die Irre zu führen. Tino und ich votierten deshalb beim ersten Duell für Wein Nummer eins und siedelten ihn, nicht nur aus Höflichkeit, in Württemberg an. Der bessere Wein war jedoch der badische, ein *Grauer Burgunder, Laufener Altenberg, Edition Nr. 5*, Jahrgang 2012. Sein Konkurrent war ebenfalls Jahrgang 2012 und stammte aus Lauffen. Das Protokoll vermerkte: »Die Testpersonen sind auf hohem Niveau verwirrt.« Um es kurz zu machen: Beim nächsten Test siegte der badische Wein, und wir ordneten ihn auch Baden zu: je ein *Sauvignon blanc*, Jahrgang 2012, beim Badischen wiederum aus der *Edition Nr. 5*, ein *Laufener Altenberg*. Wir lernten, dass der Württemberger *Sauvignon blanc* grüner und grasiger schmecke als sein badisches Pendant. Beim Spätburgunder entschieden wir uns für den Württemberger, einen *Lauffener Josua*, Jahrgang 2009. Sein badischer Konkurrent, der den Kürzeren zog, war wiederum ein *Laufener Altenberg, Edition Nr. 5*, Jahrgang 2011. Die Protokollantin stellte fest: Der badische Wein hatte 2 : 1 gewonnen. Wir stießen auf die großartigen Weine Baden-Württembergs an und erfuhren, dass die Lauffener Winzergenossenschaft beim Rotwein ein ganz klein wenig geschummelt hatte – der Spätburgunder aus Württemberg war der vergleichsweise auch preislich höherwertige und gereiftere. Wir beließen es beim 2 : 1 für Baden, ein knappes Ergebnis.

Zum Glück mussten wir nach der Weinverköstigung nicht mehr die steilen Treppen hinabsteigen. Die Lauffener Feuerwehr holte uns ein paar Meter *oberhalb* des Lauer-Häuschens ab und brachte uns zum Feuerwehrfest. Tinos Verwandtschaft verabschiedete sich, meine Frau Anja und ich nahmen noch einen Schlummerschluck Trollinger samt einer Bratwurst zu uns und begaben uns ins Hotel *Elefanten*. Tino berichtete mir am folgenden Morgen, dass seine Nacht weniger ersprießlich gewesen war. Wenn die Schwaben mal feiern, dann richtig. Das Fest ging bis tief in die Nacht hinein. Tino breitete seinen Schlafsack auf einer Pritsche aus und wartete, bis halbwegs Stille einkehren würde. Doch nichts dergleichen geschah, weshalb er durch das Feuerwehrhaus flanierte und Fotos machte, Aufnahmen von einem Billardtisch, Vereinspokalen, Zimmerpflanzen, Feuerwehrautos und Mannschaftswaschräumen. Ich hingegen machte in dieser Nacht keine Fotos.

Morgenlob im Kloster zu Bad Wimpfen

Tino Berlin

Ursprünglich hatten wir geplant, einen Abstecher nach Schwäbisch Hall zu machen, um dort herauszufinden, weshalb das »Schwäbisch« vor dem »Hall« steht, wo es doch unserer Ansicht nach »Fränkisch Hall« heißen müsste.

Schon im späten Mittelalter, so fanden wir heraus, grenzten sich die Haller bewusst von Franken ab. Hall gehörte nämlich zum Herzogtum Franken. Die Reichsstadt trug im 14. und 15. Jahrhundert mit dem Landgericht Würzburg, das für das Herzogtum Franken zuständig war, heftige Konflikte aus. 1442 erklärte der Stadtrat, Schwäbisch Hall liege definitiv auf schwäbischem Boden, also außerhalb der Zuständigkeit der Würzburger.

Doch nun hatte uns der Weg von Lauffen am Neckar nach Bad Wimpfen geführt. In dieser ausgesprochen sehenswerten Stadt ist die Sachlage noch vertrackter. Kelten und Römer siedelten hier. Das Kastell Wimpfen war von großer strategischer Bedeutung. Später war in Wimpfen eine Stauferpfalz angesiedelt, zwei Kaiser hielten hier nachweislich insgesamt zwölf Mal Hof. Mit dem Niedergang des Reiches der Staufer wurde Wimpfen freie Reichsstadt. Im Mittelal-

Schnittig: mit unserem *Hermännle* vor dem Kloster Bad Wimpfen.

ter lag sie eindeutig auf württembergischem Gebiet. Ein trauriges Kapitel ist der Dreißigjährige Krieg – die »Schlacht bei Wimpfen« war eine der blutigsten. Auf Details verzichten wir aus ästhetischen Gründen. Anfang des 19. Jahrhunderts wurde die Stadt Wimpfen zunächst Baden zugeschlagen, das Stift Wimpfen und der Wormser Hof fielen an Hessen-Darmstadt. Um das Stift entwickelte sich im Folgenden eine Auseinandersetzung zwischen Baden und Hessen. Da Wimpfen zu diesem Zeitpunkt noch weit vom übrigen Territorium Badens entfernt war, geschah, was damals an der Tagesordnung war: man tauschte Gebiete. 1805/06 wurde das Umland Wimpfens durch Baden und Württemberg annektiert, und Wimpfen lag fortan als hessische Exklave zwischen diesen Ländern. Richtig kompliziert wurde es nach dem Zweiten Weltkrieg. Es stritten sich Hessen und das nach dem Krieg von der US-Regierung gegründete Land Württemberg-Baden. Immerhin mit dem Ergebnis, dass der Wimpfener Gemeinderat eine Volksbefragung durchführte: 57 Prozent der Bevölkerung wollte dem Kreis Heilbronn angeschlossen werden. Unmittelbar nach dem Zweiten Weltkrieg, im Jahr 1945, war Wimpfen kurzzeitig »badisch«, als die Stadt von der amerikanischen Militärregierung eingegliedert wurde. Wie war es heute? Fühlten sich die Wimpfener als Badener, als Schwaben, Franken, Hessen oder gar als versprengte Kelten? Wir wollten sie bei Gelegenheit befragen.

Zunächst mussten wir als einfache Pilger im Kloster zu Bad Wimpfen einchecken. Ohne Geld, versteht sich, dies hatte ich vorab mit der Leiterin des Klosters, mit Ingrid Orlowski, telefonisch vereinbart. So parkten wir unser *Hermännle*, den S400 Hybrid, vor den Toren des Klosters und betraten das ehrwürdige Gebäude. Frau Orlowski sei noch in einem Gespräch, teilte uns eine Mitarbeiterin mit, sie erwarte uns später im Refektorium, dem Speisesaal. Da uns nach den jüngsten Abenteuern ein Hauch von Müdigkeit umwehte, hatte man Erbarmen mit den Pilgern aus Baden. Uns wurden zwei Zimmer zugewiesen. Die Zimmer waren ausgesprochen schlicht. Ein Bett, ein sehr in die Jahre gekommener Schreibtisch, ein Stuhl, ein Waschbecken sowie ein Kruzifix an der Wand.

Zur Lektüre lagen die Bibel, die Hausordnung und Erbauungsschriften bereit. WC und Bad befanden sich am anderen Ende des Flures. Vom Fenster unserer Zellen blickten wir direkt in den Kreuzgang des Klosters, ein bezaubernder Ausblick. In der Mitte ein Gärtchen mit plätscherndem Brunnen. In den kommenden Tagen sollten wir die Gelegenheit haben, das geschichtsträchtige Kloster zu erkunden. Wir studierten die Inschriften der Grabsteine im Kreuzgang, durchstreiften die Gartenanlage, begutachteten die Bibliothek und besichtigten die Wohnbereiche. Dabei stellten wir fest, dass die zahlenden Gäste über vorbildlich sanierte Räumlichkeiten verfügten – gepflegte Eleganz so weit das Auge reichte. Die mit hochwertigen Materialien ausgelegten Flure waren mit ausgesuchten antiken Möbelstücken bestückt, auf denen Getränke standen, über die handgeschnitzte Heiligenfiguren wachten. Wir wagten nicht, die Fläschchen mit Apfelschorle und Mineralwasser auch nur zu berühren. Wir hingegen waren einfache Pilger in einfachen Zimmern.

Zur vereinbarten Zeit fanden wir uns im Refektorium ein, wo uns Frau Orlowski begrüßte. Das anschließende Gespräch gestaltete sich allerdings schwierig. Es wurde offenbar, dass wir unterschiedliche Vorstellungen vom Aufenthalt im Kloster hatten. Per E-Mail hatten wir verabredet, dass wir zum Ausgleich für Kost, Logis und seelische Erbauung im Garten mithelfen würden. Angesichts dräuender Wolken, schlug Frau Orlowski vor, könnten wir auch auf andere Weise zu einem Ausgleich kommen. So wäre es wünschenswert, wenn wir bei der Renovierung eines Zimmers Hand anlegen könnten. Sie führte uns unter das Dach des Klosters und öffnete die Tür zu einer Kammer.

Graue Depression schlug uns entgegen. Düstere Wände schlugen mir aufs Gemüt. Um genau diese ginge es, erläuterte Frau Orlowski erwartungsfroh. Die Wände seien augenscheinlich in die Jahre gekommen und bedürften einer nachhaltigen Aufwertung. Matthias schwieg, ich versank in Melancholie. Die letzten zehn Jahre hatte ich, gemeinsam mit meiner (schwäbischen) Frau, im heimischen Ettlingen (Baden) ein Fachwerkhaus aus dem 18. Jahrhundert kernsaniert. Ich war nicht der Ansicht, dass weitere Arbeiten dieser Art meiner geistlichen Erbauung dienlich sein könnten.

Man möge mir Arbeitskleidung und die entsprechenden Utensilien reichen, schlug ich dennoch vor. Frau Orlowski sah mich überrascht an.

»Arbeitskleidung? Ich dachte, die hätten Sie mitgebracht?«

Ein weiterer überraschter Blick, dieses Mal von mir. Offensichtlich lag hier ein Missverständnis vor. Schließlich pflegten wir auf unserer Tour durch Württemberg nicht mit einem Blaumann zu reisen. Im Rucksack waren nur die notwendigsten Dinge.

Frau Orlowski war erstaunt. Anscheinend war sie der Meinung, ein moderner Pilger reise mit Blaumann von Kloster zu Kloster. Immerhin hatte sie nicht erwartet, dass wir darüber hinaus Farbeimer und Pinsel mit uns führten. Zu meiner nicht geringen Verwunderung las ich später in einem Faltblatt des Klosters, dass Teilnehmer des Seminars *Kloster auf Zeit* tatsächlich Arbeitskleidung mitbringen sollten.

Um weiterer Unbill vorzubeugen, einigten wir uns darauf, dass Gartenarbeit doch eine gute Alternative wäre. Trotz nahender Gewit-

Andächtige Stille in der Klosterkirche Bad Wimpfen.

terfront könne ein Wirken im Garten ein guter Dienst sein und verleihe unserem Dasein im Kloster zudem eine gewisse Berechtigung.

Matthias einigte sich allerdings nicht. Er zog es vor, den Arbeiten ganz fern zu bleiben. Auch dem Morgenlob oder anderen geistlichen Tätigkeiten war er abhold und beschränkte sich darauf, im stillen Kämmerlein seiner Tätigkeit als Autor nachzugehen. Unkraut jäten kam für ihn nicht infrage, schließlich litt er an Heuschnupfen. Außerdem weigerte er sich nach eigenem Bekunden, auf unserer Reise irgendeiner Arbeit nachzugehen als der, verwöhnt zu werden und darüber zu schreiben. Was er von Religion im Allgemeinen hält, darüber schweigt des Sängers Höflichkeit.

Mir tat die Arbeit im Garten gut. Mit gelassener Konsequenz befreite ich Beet um Beet des weitläufigen Gartens von Unkraut. Ich formierte leere Schneckenhäuser zu geometrischen Mustern und rettete zugewucherte Blümchen vor dem Erstickungstod durch Schlingpflanzen. Im Geiste sang ich dabei Jubelchöre und freute mich aufrichtig auf die gemeinsame Andacht in der Klosterkirche. Alles für's Seelenheil.

Dietmar, der Bufdi (Bundesfreiwilligendienst), hatte mich beobachtet. Beim gemeinsamen Füttern der Stallhasen im nahen Schuppen entwickelte sich ein einvernehmliches Gespräch. In den nächsten Tagen sollte er mir bei der Verrichtung der geistlichen Tätigkeiten in der Klosterkirche zur Seite stehen. Dietmar half mir, wenn ich mich in den Seitenzahlen des Gesangbuches verirrte oder die Zeilen der Psalmen nicht zuordnen konnte. Mitunter gaben auch die Noten der geistlichen Lieder einen anderen Weg vor als die Töne, die meinen Lippen entschlüpften. Dann konnte ich mich vertrauensvoll an Dietmar orientieren, der stets an meiner Seite stand und mit der jeweiligen Melodie vertraut war. Ich war froh über seinen freundschaftlichen Beistand.

Der Tagesablauf im Kloster war klar strukturiert und begann jeden Tag um 7.30 Uhr in der Früh mit dem Morgenlob in der Klosterkirche. Um 12 Uhr fand das Mittagsgebet statt, um 17.30 Uhr die »Eucharistische Anbetung« und um 18 Uhr der Vespergottesdienst.

Das Morgenlob fand *vor* dem Frühstück statt und hatte in der Tat eine feierliche Atmosphäre. Ich gab mein Bestes, doch mit den stimmlichen Qualitäten von Frau Orlowski konnte ich nicht mithalten, zumal auch die Tonlagen sehr unterschiedlich waren. Die Teilnahme an den Gottesdiensten war fakultativ, und oft waren wir drei die einzigen, die daran teilnahmen. Schade, ein mehrstimmiger Chor hätte sicherlich ein bedeutenderes Klangerlebnis erzeugt.

Die Zeit verging, noch war ich nicht zum Mönch mutiert, und allmählich dämmerte mir zwischen Morgenlob, Gartenarbeit und dem Ruf der Glocken zur Andacht, dass ich nicht für diese Art von Leben geschaffen war. Der Heilige Geist hatte sich mir beim Rezitieren der Psalmen nicht wirklich offenbart. Auch das morgendliche Schweigen beim Frühstück hatte mich nicht erleuchtet.

»Sind Sie ein angehender Priester?«, fragte mich eines Tages eine Frau, die als Gast dem Morgenlob beigewohnt hatte.

Ich verneinte lächelnd.

»Dann sind Sie ein Suchender?«, insistierte sie.

»Der wahre Weg steht«, gab ich zur Antwort. Man möge ihn nur finden, dachte ich bei mir.

Der nächste Weg führte uns zum Lichterfest von Bad Wimpfen.

Kloster Bad Wimpfen

Die Stiftskirche Sankt Peter des heutigen Klosters Bad Wimpfen geht vermutlich zurück bis ins 7. Jahrhundert.

Sie steht auf einer ehemaligen römischen Tempelanlage. Im 10. und 11. Jahrhundert wurde eine Kirche in romanischem Stil errichtet, die aber wieder verfiel. Im 13. Jahrhundert begann man mit dem Bau einer gotischen Kirche in französischem Stil. Die Bauarbeiten verzögerten sich immer wieder aus Geldmangel. Der Kreuzgang etwa entstand im 14. Jahrhundert, um 1480 erst wurde die gewölbte Decke über dem Kirchenschiff fertiggestellt, im 17. und 18. Jahrhundert wurden die alte und neue Dechanei gebaut. Die verschiedenen Bauabschnitte hatten zur Folge, dass die Kirche heute von bestimmten Standorten unsymmetrisch und »schief« wirkt. Um die letzte Jahrtausendwende wurde die dreischiffige Basilika gründlich renoviert. Die ehemalige Benediktiner-Abtei wurde im Jahr 2008 von den Maltesern übernommen. Das Kloster bietet ein umfangreiches geistig-spirituelles Jahresprogramm und Übernachtungen für Einzelgäste und Gruppen.

Kloster Bad Wimpfen
Lindenplatz 7
74206 Bad Wimpfen
www.kloster-bad-wimpfen.de

BAD WIMPFEN

Erbarmen, die Badener kommen!

Matthias Kehle

Der 3. Mai, ein Samstag, begann mit einem Frühstück, zusammen mit Frau Orlowski, Tino und Dietmar, dem Bufdi. Die drei hatten sich zuvor bereits beim Morgenlob begrüßt. Ich hob schweigend die Hand zum Gruße, ebenfalls schweigend machte ich mich über Kaffee, Brötchen und Marmelade her. Schließlich sollte auch in unserer sündigen Seele die Stille der Nacht nachklingen. Da Frau Orlowski grundsätzlich ausgiebig frühstückte, dauerte die Schweigsamkeit lange, die Stille der Nacht klang lange in meiner Seele nach, mitsamt allen süßen und sündigen Träumen.

Bevor wir zum abendlichen Lichterfest aufbrechen würden, war noch mehr oder weniger harte Arbeit angesagt. Tino jätete Unkraut, ich telefonierte und organisierte, saß im Garten und beobachtete die Enten. Dies war mein Weg der geistigen Erbauung, ja Erleuchtung. Der Unterschied zwischen uns beiden Abenteurern wurde auch hier deutlich: Tino hat, wie er in Wangen herausfand, zumindest einige schwäbische Vorfahren. Ich nicht – ich pflege lieber den Müßiggang als den Garten. Außerdem fiel mir bei dieser Gelegenheit ein, dass wir die schwäbische Gepflogenheit schlechthin noch nicht untersucht hatten, die Kehrwoche. Am übernächsten Tag mussten wir den Mercedes wieder abgeben. Ich schlug Tino vor, am Montag mit ihm nach Bad Wimpfen zu fahren und dort Hausfrauen nach einem Staubsauger zu fragen, oder sie gar zu bitten, das Auto schwäbisch-gründlich zu reinigen, denn dank des Sauwetters hatte sich Schmutz auf den hellbeigen Fußmatten angesammelt.

Den Nachmittag verbrachten wir beide in klösterlicher Kontemplation, wie sich das gehört: So hielten wir ein ausgiebiges Mittagsschläfchen und bereiteten uns auf die *Lange Kunstnacht* vor, eines der größten und schönsten Feste in Bad Wimpfen.

Bei der ersten Stippvisite zu Beginn des Klosteraufenthaltes, als wir mit dem Fotografen einer Zeitung nach Bildmotiven suchten, gerieten wir intuitiv an eine interessante Adresse, nämlich an das *Restaurant Friedrich Weinstube Feyerabend*. Die junge Bedienung Jule hatte uns fotogen Wein eingeschenkt, ihre Chefin Bärbel Lasotta fand unsere Aktion so lustig, dass sie uns für den Samstagabend zum Essen und Trinken einlud. Wir waren mal wieder zur richtigen Zeit am richtigen Ort. Die ganze Stadt sei illuminiert, so erfuhren wir, alle Ateliers und Geschäfte seien geöffnet.

Bevor die Kunstnacht begann, hatten wir einen kleinen Disput: Ich wollte zum Sonntagsbraten einen Trollinger auf den Mittagstisch stellen. Schließlich hatten wir noch einige Flaschen im Auto, welche die *Winzergenossenschaft Untertürkheim* gegen das Verdursten im Kloster gespendet hatte. Sie mussten schließlich geleert werden, bevor wir das Auto abgeben mussten. Nein, sagte Tino, das sei eine geistige Welt, wir seien Gäste und dürften Frau Orlowski nicht mit dem Diesseits zugewandten bacchantischen Genüssen in Versuchung bringen. Ich war der Ansicht, dass es eine freundliche Geste von uns Gästen sei, schließlich befinde man sich in Schwaben, und da gehöre ein guter Trollinger auf den Tisch, auch und gerade im Kloster. Wir einigten uns nicht, ich wähnte mehrere Vollräusche vor mir, weil wir die Flaschen alleine würden leeren müssen.

Immerhin konnten wir uns auf den abendlichen Ausflug nach Bad Wimpfen einigen. Unser erstes Ziel: das *Gasthaus Feyerabend*. Wie erwartet, war Jule auch wieder vor Ort. Allerdings hatte sie sich von der Bedienung zur Sängerin gewandelt. Sie gab mit einem Freund vor der Weinstube bekannte Rocksongs zum Besten. Und sie sang richtig gut! Wie wir von ihr schnell erfuhren, war sie Mitglied der Band *Schwobeland* – als hätte das jemand für uns inszeniert! Klar, dass die

Gastrotipp:
Restaurant Friedrich Weinstube Feyerabend

Das Gasthaus *Feyerabend* hat eine lange Tradition. Gründer war Friedrich Feyerabend, der Urgroßvater (1871–1959) von Bärbel Lasotta, Bäcker, Gastronom, Heimatdichter und Heimatkundler und seit 1951 Ehrenbürger der Stadt Wimpfen. Im Jahr 1897 eröffnete er die Bäckerei-Weinstube. Als Mitglied des Gemeinderats war er 1919 Mitbegründer der Ortsgruppe der *Deutschen Demokratischen Partei* (DDP) und Mitbegründer des Obst- und Gartenbauvereins. Auch während der Nazizeit blieb er leidenschaftlicher Demokrat. Zeit seines Lebens sammelte er heimatgeschichtliche Fakten und schrieb Gedichte. Zum 50. Todestag widmete ihm seine Heimatstadt einen Gedenkband. Das Gebäude selbst besteht seit 1563 und ist eines der schönsten Fachwerkhäuser in Bad Wimpfen. Die Weinstube ist das, was man in Deutschland als »urgemütlich« bezeichnet. Mit dunklem Holz, Kachelofen und Butzenscheiben. In diesem Gründerzeitambiente servieren Bärbel, Jule und ihre Kollegen Weine der Region, saisonale Vesper und Speisen sowie Torten und Gebäck aus eigener Herstellung, ohne Backmischungen zu verwenden.

Im ersten Stock befindet sich das Restaurant *Friedrich*. Es bietet gehobene Gastronomie mit täglich wechselndem Vier-Gänge-Menu und Fischangebot.

Restaurant Friedrich Weinstube Feyerabend
Hauptstraße 74
74206 Bad Wimpfen
www.friedrich-feyerabend.de

Combo diesen Namen tragen *musste*! Mit ihren witzigen Rap-Texten auf Schwäbisch hat die Neckarsulmer Band im »Unterland« einen großen Fankreis.

»Wir machen Schwabenrap, kurz Schräbb genannt«, sagte Jule alias Juliane Lutz alias *Gselzbärle*. Mit den beiden Jungs Florian Greis alias *Fürschd Renjay* und Heiko Schenk alias *Nafdalin* hat sie offenbar viel Spaß an der Musik und am Dasein im Schwobeland. Sie »verbinde Rapmusik middem Haufe Heimatverbundehaid«, sagte sie.

Inzwischen sind *Schwobeland* auch in Funk und Fernsehen zu sehen und zu hören gewesen. Zusammen spielen sie seit 2010, zwei CDs

Illuminiertes Bad Wimpfen in der Kunstnacht.

Faszinierendes Lichterspiel: Feuerzauber mit *Art Artistica*.

sind auf dem Markt. Uns gefällt vor allem die Selbstironie des Trios: »Mir hänns Rädle ned neu erfunde, aber könne ziemlich gud fahre.«

Wir lauschten der Musik, speisten Wurstsalat und beobachteten bei zwei Viertele Rotwein am frühen Abend das bunte Treiben. Gut gesättigt und angeheitert flanierten wir weiter.

Komödianten auf Stelzen kreuzten unseren Weg. Die ganze Stadt war auf den Beinen. Wir verbrachten den Abend in den vielen Geschäften und inspizierten die Wimpfener Kunstszene. Sogar Frida Kahlo trafen wir. Zumindest ein nahezu perfektes Double türkischer Herkunft.

An jenem Abend lernten wir viele nette Schwaben kennen, die immer wieder betonten, dass sie Schwaben seien und keine Hessen, am allerwenigsten Gelbfüßler. Ich fragte im Laufe des Abends überall, wo es Getränke oder etwas zu essen gab, ob man Schwabe sei. Falls ja, folgte der übliche Spruch: »Wir sind zwei Badener und ohne Geld unterwegs. Würden Sie uns eventuell einladen?« Später wurde daraus ein »Würdest du uns einladen?«.

Vielleicht habe ich es an diesem Abend mit dem Bitten um kulinarisch-bacchantische Unterstützung etwas übertrieben – Erbarmen, die Badener komme! Aber schee war's!

In unserer Jacke fanden sich reichlich Visitenkarten, etwa vom Stoff- und Wollgeschäft *Kleinkariert*. Hier gab es Häppchen und Bowle. Oder vom *Tearoom Cornwall*, hier gab es ein *Kilkenny*-Bier. Oder von der *Bollwerk Lounge*. Hier spendierte uns ein junger Mann einen Cocktail. Die anderen Visitenkarten ließen sich weder einem Foto noch einer Erinnerung zuordnen. Mit dem Ergebnis, dass wir gegen halb zwei ins Kloster schwankten – und uns hiermit bei vielen großzügigen »Sponsoren« bedanken, an die wir uns nicht mehr genauer erinnern.

Der Fußmarsch zurück zum Kloster war, wie man vermuten darf, originell. Zunächst führte er uns in einen Innenhof, wo ein fulminantes Feuer- und Tanzevent stattfand. Ich irrte voran, Tino mühte sich nach Kräften, weiterhin eindrucksvolle Fotos zu schießen. Bunt

Salzbergwerk Bad Friedrichshall

Nach einer kurzen Fahrt mit einem Förderkorb befindet man sich in einer Tiefe von 180 Metern unter der Erde. Den Besucher erwarten dort unterirdische Kammern von gewaltigen Ausmaßen, in denen er eine Licht- und Laserschau genießen kann. Aber auch interaktive Experimente sowie die vielfältige Geschichte des Salzbergwerks werden anschaulich präsentiert.

Salzbergwerk Bad Friedrichshall
Bergrat-Bilfinger-Straße 1
Bad Friedrichshall (Ortsteil Kochendorf)
www.salzwerk.de

war es, das leuchtende Bad Wimpfen. Das einzigartige Bad Wimpfen. Oder handelte es sich etwa um zwei Bad Wimpfen? Mir fiel noch ein alter Witz ein, den ich Tino zum wiederholten Male erzählte: »Was ist der Unterschied zwischen Lauffen und Bad Wimpfen? Nach Wimpfen kann man laufen, aber nach Lauffen nicht wimpfen.«

Zu unserer Überraschung fanden wir, Brieftauben gleich, den richtigen Weg. Oder sagen wir: fast. Vorübergehend kamen wir vom rechten Weg ins Kloster ab und verirrten uns in einer Baustelle. Seltsam, die hatten wir auf dem Hinweg gar nicht wahrgenommen. Ist Bad Wimpfen die württembergische Baustellenhauptstadt? Frohen Mutes und schwankenden Hauptes überquerten wir Brücken und Straßen, streunten an Hecken und Häusern vorbei und kamen endlich an unserem *Hermännle* vorbei, der stoisch auf seinem Parkplatz nächtigte.

Wir erfreuten uns an der Eleganz des Wagens, erbauten uns an der Schönheit des Klosters und priesen das Dasein als solches. Dann ho-

Lasershow im Salzbergwerk Bad Friedrichshall.

ben wir die Beine die letzten Stufen hinauf zum Eingang des Klosters. Geschafft, auch dieses Hindernis hatten wir nahezu mühelos überwunden.

Im Schaufenster des Klosterladens blinkte ein Spruchband: »Und der Himmel lacht dazu.«

»Die Wimpfener verstehen zu feiern«, fassten wir unsere Erlebnisse am nächsten Morgen mit wenigen Worten zusammen. Zu mehr waren wir auch nicht fähig. Das mit dem Trollinger zum Mittagessen im Kloster hatte sich übrigens erledigt. Der Sonntag war ein »Nie-wieder-Alkohol-Tag«.

Am heiligen Sonntag gab es logischerweise keine Arbeiten zu verrichten, und so unternahmen wir mit unserem *Hermännle* einen Ausflug in das Besucher-Salzbergwerk Bad Friedrichshall. Ein Ausflug, der sich lohnen sollte. Vor allem wegen der Lasershow, die mich in meine Jugend zurückversetzte, als ich nämlich die gigantische Show von *Pink Floyd* auf dem Mannheimer Maimarktgelände mit offenstehendem Mund bestaunt hatte.

Der Bergsteiger in meiner Seele war allerdings nicht sehr begeistert, war er doch am Tiefpunkt seines Lebens angelangt, nämlich ein paar Meter unterhalb Normalnull.

Abschied vom Kloster *(Tino Berlin)*

Nach einem abschließenden Spaziergang durch Neckarsulm eilte ich pflichtschuldig zur Sonntagsmesse, die ein indischer Pfarrer aus Kerala mit indisch-schwäbischem Akzent zelebrierte. Ich musste an die bunten indischen Kirchen denken, die ich an der Kormandal-Küste gesehen hatte. Diese erinnern in ihrer plakativen farblichen Gestaltung an Pop-Art-Kunstwerke, in krassem Gegensatz zur düsteren Gotik vieler mitteleuropäischer Sakralbauten.

Ein letztes Mal trafen wir uns mit Frau Orlowski. Wie zu Beginn unseres Aufenthaltes sprachen wir uns wieder im Refektorium. Am morgigen Montag hatte sie frei. Just an diesem Tag sollten wir unsere Reise fortsetzen. In ihrer Freizeit, so Frau Orlowski, ziehe sie sich vollständig zurück. In ihrer Wohnung unweit des Klosters findet sie einen Ausgleich zum geschäftigen Treiben des Klosters, dem sie als Geistliche und Managerin in Personalunion vorsteht. Dann findet sie die Zeit, religiöse Bücher zu lesen.

Unterhaltung verachte sie nicht, allerdings benötige sie keine illuminierte Stadt zur Erbauung. Für sie komme das Licht aus einer anderen Quelle. Diese Einstellung ist auf ihre Weise bemerkenswert, doch gewiss nicht massenkompatibel. Das aktive Klosterleben als Mönch oder Nonne entspricht im 21. Jahrhundert nicht mehr dem Zeitgeist. Die letzten beiden verbliebenen Mönche des Malteserordens verließen 2006 das Kloster.

Nun versucht man andere Wege zu gehen. Mit Erfolg. Immer mehr Menschen in unserer schnelllebigen Zeit verspüren den Wunsch, sich zu »entschleunigen«. In der Stille des Klosters versuchen sie sich zurückzuziehen und sich, zumindest für eine bestimmte Zeit, neu zu erfinden.

»Mein Haus hat viele Zimmer«, dieser Satz einer Andacht ist mir im Gedächtnis geblieben. Ingrid Orlowski hatte ihre Bestimmung an diesem Ort gefunden. Wir hingegen wollten weitere Räume aufsuchen, um neue Erfahrungen zu sammeln.

Die Rucksäcke waren gepackt; im Kreuzgang des Klosters verabschiedeten wir uns von Dietmar. Dabei hielt er meine Rechte mit beiden Händen fest umschlossen. Der sympathische Mann hatte die Absicht, noch einige Monate im Kloster zu bleiben, dann würde er in ein anderes Leben aufbrechen. Auch unsere Reise ging weiter. In Stuttgart mussten wir unser *Hermännle* in der *Daimler*-Zentrale abgeben. Dann sollte es weitergehen nach Tübingen.

Kulturtipp: *Schwobeland*

Hörproben und Textbeispiele dieser Band aus Bad Wimpfen gibt es auf der Website der Band, CD-Bestellungen nimmt das Trio gerne entgegen:

http://schwobeland.wordpress.com/

Grüß Gott

Der Auftritt von *Schwobeland.*

Nafdalin:
Mir entführe euch ins Schwobeland,
do noo wo de Negger fließt
wo'd a Brezel mid Budder druff
bei deim Bägger griegsch
un wie'd Gosche gwachse isch,
ja so schwätze se,
die oid Hälfd sin Seggel un die ander Hälfd sin Käbsele
Kerle pagg dein Grembl zamme, hörsch ned wie des Ländle rufd
laaf in Richdung Süde nunder, gugg de um des Fleggle grooved,
glotz in Richdung Himmel nuff, sagamol was isch doo zu säh,
es isch koin Vogel, koin Flieger, es isch de Fürschd Renjay.

Fürschd Renjay:
Ja hier im Schwobeland, do bin i dahoom
Seid 29 Johr bin i schdolz, dass i im Ländle wohn,
i räbresendier den Flegg, weil mer an em so viel hängd
do hads oiner gud gmoind, mein Gott des wars gröschde Gschenk.

Nafdalin/Fürschd Renjay/Gselzbärle:
Mädle un Bube, hebd Händ in die Höh,
weils SCHWOBELÄNDLE isch so schee.

Nafdalin/Fürschd Renjay:
I sag mol Fürschd Renjay, i sag mol Nafdalin
mir drehe uff, ihr drehed durch so wie a Waschmaschien,
im Schwobeland, do hänge mer ab wie Kleiderhooke
hogge zwische Neggerbummler un schwäbische Eiseboohne
mir hänn de weiße Hai am Hooke, wenn mer angeln geh,
hör uns oifach zu un uff de Bühne kannsch uns babbeln seh,
un des flöde von de Dächer die Schbatze,
ja mir rebräsendiere 's Ländle wie Ebiere Schnitz un Schbatze.

(Abdruck mit freundlicher Genehmigung von *Schwobeland*)

Die Sonne über Tübingen

Tino Berlin

Am 5. Mai befanden wir uns auf direktem Weg von Bad Wimpfen nach Stuttgart. Wir genossen die letzte Fahrt mit unserem *Hermännle*. Nach dem Motto »Reisen statt rasen« schwebten Matthias und ich in unserem fahrenden Wohnzimmer über die Straßen. Wir hatten nicht die Absicht, die 333 PS in einem Geschwindigkeitsrausch auszuleben. Die kaum wahrnehmbaren Motor- und Windgeräusche lenkten nicht von der Landschaft ab.

Eigentlich hätten wir die Tour durch Schwaben mit unserem *Hermännle* fortsetzen können, doch in weiser Voraussicht hatte ich vor der Reise abgeklärt, dass wir den Wagen nur vier Tage nutzen wollten. Schließlich wollten wir auch andere Eindrücke gewinnen. An einer Autobahnraststätte nahe Stuttgart hielten wir, wie es der Zufall wollte, neben einem *Jaguar XF*. Der Fahrer zeigte auffallend unauffällig Interesse an unserem Fahrzeug. Er entstieg seiner Limousine und schlenderte an unserem Gefährt vorbei. Während ich hinter dem Steuer saß und mir mittels der Massagefunktion des Fahrersitzes den Rücken massieren ließ, konnten wir im Rückspiegel erkennen, wie der Mann beim Vorübergehen begehrliche Blicke auf »unseren« *Mercedes* warf.

Wir schmunzelten, vor allem als er die Postkarte mit der knallroten Aufschrift »Schaffe, butze, spare« las, die am Seitenfenster klemmte.

Unser *Hermännle* musste wieder in die *Daimler*-Zentrale. Nicht einmal die Hälfte des Benzins hatten wir verbraucht, immerhin hatten wir über 250 Kilometer zurückgelegt. Dies ist, gemessen an der Klasse des Fahrzeugs, ein vergleichsweise geringer Energieverbrauch.

Kurz vor Stuttgart hatte Matthias eine Eingebung. Er schlug vor, dass wir zwei Flaschen unseres Trollingers im Kofferraum eintauschen könnten. Wir wollten der Redaktion von *Antenne 1* ein Überraschungsb'süchle abstatten, um deren Hörern live einen Vorschlag zu unterbreiten: Wer uns bis nach Tübingen führe, erhielte von uns zwei Flaschen Trollinger. Wir hatten übrigens das unverschämte Glück, dass sich das Funkhaus direkt neben dem *Daimler*-Betriebsgelände befand.

Moderatorin Nadja von *Antenne 1* hatte mich während unserer Tour schon einmal interviewt. Ein Anruf bei Nadja, und wenige Minuten später standen wir schon im Studio und waren auf Sendung. Wir plauderten ein wenig über unsere Tour durch Schwaben und boten schließlich den Hörern unseren Deal an: Trollinger gegen Mitfahrgelegenheit.

Es dauerte keine halbe Minute, schon war Oliver in der Leitung und auf Sendung. Der Ingenieur aus Leinfelden-Echterdingen war unterwegs von Stuttgart nach Tübingen, und in einer halben Stunde würde er uns vor dem Funkhaus abholen.

In seinem geräumigen Kombi fanden Matthias und ich nebst unseren Rucksäcken genügend Platz.

Oliver und ich kamen schnell ins Gespräch. In seiner Freizeit war er gerne als Snowboarder unterwegs und hatte ein Faible für Oldtimer. Wir zwei waren uns einig, dass diese Fahrzeuge aufgrund ihrer unverhältnismäßig hohen CO_2-Absonderungen politisch nicht korrekt seien, redeten uns diese Tatsache jedoch schön, zumal man diese Kunstobjekte ohnehin nur an freien Wochenenden fahren kann.

Oliver setzte uns direkt vor dem Verlagshaus in Tübingen ab. Zwei Flaschen Trollinger wechselten den Besitzer, dann schulterten wir unsere Rucksäcke. Unser schwäbischer Verlag hatte es sich nicht nehmen lassen, uns zum Mittagessen einzuladen. Die halbe Belegschaft war auf den Beinen, um den badischen Abenteurern ein leckeres Mittagessen zu zaubern, mit dem das Porzellan im Speisesaal befüllt wurde. Während wir tafelten, erzählten wir die eine oder andere Anekdote. Wir konnten ausnahmslos von herzlichen Begegnungen mit den Einheimischen berichten. Zu keiner Zeit hatten wir hungern müssen, auch für kostenlose Übernachtungen war stets gesorgt worden. In Tübingen, so orakelten wir hoffnungsfroh, erwarteten wir Ähnliches.

Für unseren Aufenthalt hatten wir uns einiges vorgenommen. So wollten wir uns mit dem Kabarettisten Bernd Kohlhepp treffen, von dem wir uns wünschten, dass er das *Badnerlied* ins Schwäbische übersetzen möge. Im Vorfeld hatten wir bereits Kontakt mit »Herrn Hämmerle« aufgenommen, so sein Pseudonym, und die Chancen standen nicht schlecht, dass wir uns heute treffen würden. Darüber hinaus benötigten wir noch zwei Betten für die Nacht, ferner stand ein Treffen mit Boris Palmer auf unserer Wunschliste. Den Oberbürgermeister der Stadt Tübingen und bekennenden Perry-Rhodan-Fan wollten wir überzeugen, die badische Fahne am Rathaus zu hissen. Um es vorwegzunehmen: Es klappte so gut wie nichts.

Noch waren wir guter Dinge, und kaum hatte Matthias das Telefon in der Hand, schien er wieder ganz in seinem Element zu sein – doch leider ohne Erfolg.

Nein, Oberbürgermeister Palmer habe partout keine Zeit für uns. Er sei gar nicht im Lande, behauptete sein Referent, bis zu dem Matthias immerhin vorgedrungen war. Eine erste Enttäuschung, die nächste folgte auf den Fuß.

Der Versuch, in Tübingen ein kostenloses Hotelzimmer zu ergattern, schlug dramatisch fehl.

»Sie werden in Tübingen kein freies Zimmer finden«, wurde Matthias bereits bei seinem ersten Anruf in einem beliebigen Hotel beschieden. Die Dame am anderen Ende der Leitung behielt recht, Tübingen war ausgebucht.

»Dann versuchen wir es im direkten Gespräch«, schlug ich vor, »möglicherweise erreichen wir auf diese Weise mehr.«

Aber an diesem Tag schien uns die Sonne nicht. Bereits im ersten Hotel, das wir persönlich aufsuchten, erhielten wir, obwohl ein

Zimmer frei war, eine freundliche Absage. Im nächsten Hotel sollte es noch schlimmer kommen.

Matthias' freundliche Anfrage, die er mit einer kurzen Schilderung unseres völkerverbindenden Projektes verknüpfte, wurde mit deutlichen Worten abgewiesen. Die Inhaberin verstand die Motive unserer Reise nicht, selbst der Hinweis auf unsere publizistischen Pläne (»das Buch ist doch eine Werbung für Ihr Haus«) verfehlte ihre Wirkung. Dafür fiel die Reaktion der Angesprochenen überraschend direkt aus. »Unverschämtheit«, »Hochstapler«, »da könnte ja jeder kommen«, »Erschd komme Jakobspilger, dann Sie Schnorrer«, bekamen wir zu hören. Es kam deutlich zum Ausdruck, dass die Dame uns gar die charakterliche Eignung absprach, in ihrem Hause zu nächtigen. Erschüttert zogen wir von dannen. Ausgerechnet in Tübingen, dem Sitz unseres Verlages, stießen wir auf schroffe Ablehnung.

Auf der anderen Seite war diese Begegnung ein Glücksfall, führte uns die Inhaberin des Gasthofes doch klar vor Augen, dass die Bilderbuchstadt Tübingen keine Insel der Glückseligen ist. Es steht außer

Hier findet man echte Schwaben: Die Autoren vor dem Kloster Bebenhausen.

Frage, dass wir der Hotelbesitzerin zu Dank verpflichtet sind, sie hat uns diesbezüglich die Augen geöffnet. Hier in Tübingen lebt sie also: die echte, knausrige Schwäbin, die Badener verhungern und im Regen stehen lässt.

»Die haben wir für euch aus besonders fiesem Genmaterial im Keller des Verlages zusammengemixt, damit ihr etwas zum Schreiben habt«, erklärte uns später Heiko, ein Verlagsmitarbeiter. Schließlich gäbe es in den Katakomben des Verlages einen Genpool, den sie eigens für diese Zwecke angelegt hätten. »Eigentlich sind Schwaben dieser Spezies schon ausgestorben«, meinte er.

Aufgemuntert durch diese weisen Worte versuchten wir erneut unser Glück in Tübingen. Wir wollten die eine oder andere Sehenswürdigkeit der Stadt kostenfrei besichtigen, auch um sie in unserem Reisebuch zu würdigen. Im *Lonely Planet*, einem australischen Reiseführer, wird Tübingen als Kleinod jenseits des touristischen Mainstreams unter der Rubrik *off the beaten track* gepriesen und rangiert damit weit hinter Heidelberg, Rothenburg ob der Tauber oder Schloss Neuschwanstein. Für den deutschen Durchschnittstouristen hingegen gehören Tübingens Sehenswürdigkeiten wie der Hölderlinturm, der historische Marktplatz oder eine Fahrt im Stocherkahn auf dem Neckar zum Pflichtprogramm. Auch wir hatten diese touristischen Glanzlichter schon mehrfach genossen.

Ein paar Kilometer von Tübingen entfernt liegt das Kloster Bebenhausen. »Ob man vielleicht da …?«, überlegten wir.

Eine gute Idee, das Schloss und Kloster in Bebenhausen hatten wir beide noch nie besichtigt. Nach unserer Einkehr im Kloster von Bad Wimpfen interessierte sich Matthias allerdings in erster Linie für das Schloss. Doch auch hier scheiterten wir mit unserem Ansinnen – zumindest teilweise. Tübingen schien wirklich ein hartes Pflaster zu sein. Die freundliche, doch sichtlich irritierte Dame an der Kasse war nur durch gutes Zureden und der Einschaltung ihres Vorgesetzten dazu zu bewegen, uns den Eintritt von sage und schreibe insgesamt 4,50 Euro zu erlassen. Mit der badischen Fahne wollte sich indes keiner der beiden ablichten lassen. Ihren Abwehrgesten zufolge hätte

Sehenswert: Kloster Bebenhausen

Erstmalige Erwähnung findet das Kloster Bebenhausen in einer Urkunde aus dem Jahr 1187. Die Stiftung geht auf Pfalzgraf Rudolf I. zurück. Durch Schenkungen und Zukäufe entwickelte sich das Kloster zusehends. So lebten in der weitläufigen Anlage zeitweise 80 Mönche und 130 Laienbrüder. Nach der Reformation wurde Bebenhausen, ebenso wie das Pendant in Blaubeuren, evangelische Klosterschule. Die Nebengebäude wurden später von Friedrich I. zum Jagdschloss umgebaut. Wilhelm II., der letzte Herrscher von Württemberg, lebte bis zu seiner Abdankung in diesen Räumlichkeiten. Bedeutend war auch die Nachkriegszeit: bis 1952 trat im Winterspeisesaal der Landtag von Württemberg-Hohenzollern zusammen.

Kloster Bebenhausen
Im Schloss 1
72074 Tübingen
www.kloster-bebenhausen.de

man erwarten können, dass ihnen mehrere Jahre Gefängnis drohten, wenn sie auch nur einen Blick auf die badische Fahne würfen.

Nachdem wir die Zellen der Mönche und andere Räumlichkeiten besichtigt hatten, wandelten wir über den Kreuzgang zurück. Matthias versuchte noch immer, telefonisch ein Treffen mit dem Ministerpräsidenten zu organisieren, und auch unsere Zusammenkunft mit Bernd Kohlhepp war noch nicht gesichert. Endlich bekam Matthias den bekannten Kabarettisten an die Strippe und kam mit ihm überein, dass wir uns im Gasthof *Neckarmüller* in Tübingen treffen sollten. Das war fein, da sich auch Tibor Schneider, ein junger Schriftsteller und Mitherausgeber der Kulturzeitschrift *trashpool,* dort einfinden wollte. Ein Verlagsmitarbeiter nahm uns mit in die Innenstadt von Tübingen. Wir trafen fast zeitgleich mit Tibor Schneider im *Neckarmüller* ein und fanden sogar einen freien Tisch auf der Terrasse des an diesem herrlichen Abend gut besuchten Lokals.

»Wir haben kein Geld«, sagte Matthias zu der Bedienung.

»Da sind wir schon zu zweit«, antwortete diese schlagfertig und nahm die Bestellung auf, ohne dass Matthias weiter zu Wort kam.

Kulturtipp: *trashpool* –
Zeitschrift für Literatur und Kunst

trashpool ist ein eingetragener Verein, der sich der Förderung von Literatur und Kultur verschrieben hat. Gedichte, Kurzgeschichten, Interviews, Reportagen und anspruchsvolle Grafiken bildender Künstler sind die Schwerpunkte des gleichnamigen Magazins aus Tübingen. Sehens- und lesenswert! *trashpool* erscheint zwei Mal jährlich.

trashpool – Zeitschrift für Literatur und Kunst
Neckarhalde 8
72070 Tübingen
www.trash-pool.de

Tübinger Stadtansicht: die Sonne über dem Neckar.

Tibor Schneider offenbarte sich als Donauschwabe. Unter den »Donaudeutschen«, wie man die »Donauschwaben« auch nennt, mögen damals (vom 17. bis zum 19. Jahrhundert) auch einige »echte« Schwaben gewesen sein, doch mehrheitlich setzte sich die Auswanderungswelle nach Südosteuropa aus verschiedenen Volksstämmen zusammen. Obwohl Tibor also »nur« Donauschwabe war, ließen wir uns von ihm zum Abendessen einladen. Damit nicht genug, steckte uns Tibor noch Äpfel, je ein Fläschchen *Jägermeister* und Schokoriegel zu. Am meisten beglückte mich allerdings die Zeitschrift *trashpool*, und noch am gleichen Abend las ich mich in einer Reportage über die *Khaosan Road* in Bangkok fest.

Während des Essens unterhielten wir uns blendend, wunderten uns jedoch, dass Bernd Kohlhepp nicht auftauchte. Konnte es sein, dass durch die vielen Telefonate, Verabredungen, Verschiebungen, Änderungen und anderes Ungemach erneut etwas dazwischengekommen war? Kohlhepp blieb verschwunden. Da erreichte uns eine SMS. Zu spät. Ein Missverständnis. Bernd Kohlhepp hatte sich zwar pünktlich beim *Neckarmüller* eingefunden, allerdings hatte er *vor* dem Lokal gewartet, während wir auf der Terrasse speisten. Es war wie verhext, vertrackt und irgendwie peinlich.

Zum Abschluss unseres Treffens bummelten wir durch die Altstadt Tübingens, Tibor versorgte uns mit literarischen Hinweisen, und wir wandelten auf den Spuren von Hölderlin, Hesse und Hauff durch die Gassen. Glücklicherweise hatte uns Verlagsmitarbeiter Frank versprochen, dass wir notfalls in seiner Wohnung nächtigen könnten, sollten wir kein kostenfreies Hotelzimmer in Tübingen bekommen. Wie wir nicht anders erwartet hatten, hielt Frank Wort. Pünktlich holte er uns am vereinbarten Treffpunkt in der Nähe des Neckars ab.

Es sollte ein wortreicher und kurzweiliger Abend bei Frank werden, später kam außerdem Bettina vorbei, die wir ebenfalls im Verlag kennengelernt hatten, und bei Wein und Salzgebäck kamen wir auf die Idee, unseren Wortschatz zu erweitern. Während unserer Tour hatte sich immer wieder die Gelegenheit geboten, Schwaben zu prüfen, ob sie badische Ausdrücke ins Schwäbische übersetzen konnten. Unsere Probanden waren allerdings jedes Mal zuverlässig am ersten badischen Ausdruck gescheitert.

»Was ist ein Labbeduddl?«, fragte ich Bettina und Frank.

Und, oh Wunder, Frank wusste tatsächlich eine Antwort: »En Labbeduddl isch en Lällabäbbl«, dozierte er. Auch typisch badische Sätze wie »Heb emol den Babbedeggel do«, und »Degg de mol middem Debbich zu«, schienen für ihn kein Hindernis zu sein, Frank übersetzte sie kongenial ins Schwäbische.

Ausgezeichnet, Sprachtest bestanden. Man konnte Frank eine Begabung für badische und schwäbische Idiome nicht absprechen, und vielleicht konnte er uns bei dieser Gelegenheit auch erklären, warum Schwaben gerne ein verniedlichendes »-le« in ihrer Wortgestaltung benutzen?

Zur Beweisführung folgen hier hier einige exemplarische Begriffe. Anhand dieser Beispiele wird deutlich, dass dem Badener eine betont »entschleunigte« Ausdrucksweise innewohnt, wohingegen der Schwabe zu einer kindlichen Verniedlichung neigt. Und während die Badener bemüht sind, anstrengende Mundbewegungen zu vermeiden, kann man die Schwaben als Meister des Diminutivs bezeichnen.

Badisch	Schwäbisch	Schriftdeutsch
Guzlbabier	Bombobabierle	Bonbonpapier
Kadaschdroof	Kadaschdreefle	Katastrophe
Addee	Adele	Tschüss
Dochda	Dechderle	Tochter
Schdroos	Schdreesle	Straße
Gardedoor	Gardaderle	Gartentor
Loiderwooge	Leiderwägele	Leiterwagen

Nach Aussage des Publizisten Ulrich Kienzle ist dies auf einen Charakterzug seiner Landsleute zurückzuführen, die seiner Ansicht nach die Tendenz haben, sich selbst kleinzumachen. »Der Schwabe grübelt und zweifelt«, so Kienzle. Dieser Minderwertigkeitskomplex komme laut Kienzle durch das häufig an Substantive angehängte »le« deutlich zum Ausdruck.

Nun wissen wir es also: Schwaben haben Minderwertigkeitskomplexe. Wohlgemerkt behauptet dies ein Schwabe, nicht die Verfasser dieses Buches. Gewiss, das Automobil, das Laufrad, der *Uhu*-Alleskleber, ja sogar die Dauerwelle sind (selbstverständlich) badische Erfindungen.

Aber können die Schwaben nicht auch auf ihren Erfindergeist stolz sein? Der Teddybär, die Schwarzwälder Kirschtorte, die *Pustefix*-Seifenblasen – alles schwäbische Einfälle, die man wirklich nicht kleinreden sollte.

Unsere sprachwissenschaftlichen Gespräche dauerten bis Mitternacht. Ich verwies auf den Beitrag »Schwäbisch für Inder« auf der Internetplattform *youtube*, in dem Szenen aus einem indischen Bollywood-Film mit schwäbischen Dialogen unterlegt wurden.

Schließlich wünschten wir uns gegenseitig »e guude Nachd« und »ä guads Nächtle«.

Vor dem Fenster meines Schlafzimmers stand der Mond am Himmel, ein Wölkchen zog an ihm vorüber. Ich machte es mir in meinem Schlafsack im Kinderzimmer gemütlich, hauchte ein »Lällabebbl« in die sternenklare Nacht und schlief ein.

Gastrotipp: Gasthausbrauerei *Neckarmüller*

Schwäbische Spezialitäten, Vegetarisches, Flammkuchen, Kinderteller, Brotzeiten, Desserts und Eis bietet die reichhaltige Speisekarte des *Neckarmüller*. Das Gasthaus liegt in bevorzugter Lage am Neckar und verfügt über eine große Terrasse.

Besonderheit: Der *Neckarmüller* verfügt über eine eigene Brauerei. Spezialität des Hauses ist ein spritziges Weißbier. Bei Interesse besteht die Möglichkeit, neben dem Sudkessel zu sitzen und dem Braumeister über die Schulter zu blicken. Zudem bietet die Gasthausbrauerei Bierseminare für Gruppen an, in der Geschichten rund ums Bier erzählt werden. Außerdem werden auch Bierproben angeboten.

Gasthausbrauerei Neckarmüller
Gartenstraße 4
72074 Tübingen
www.neckarmueller.de

Flucht nach Reutlingen

Matthias Kehle

Nun wissen wir also, wo es waschechte Schwaben gibt: in Tübingen! Wir hätten noch vor zwei Tagen nicht im Traum daran gedacht, dass wir in unserem Verlag Zuflucht suchen müssten. Wie kann man sich an den Tübingern am besten rächen? Indem man zum Rivalen Reutlingen flieht! Schiller musste nach Mannheim fliehen, wir nach Reutlingen. Ausgerechnet die Stadt des Geistes, in der Größen von Hölderlin bis Walter Jens lebten, beherbergt geizige schwäbische Kleingeister!

Wir hatten sehr gut geschlafen. So langsam wurde die Reise anstrengend, aber es ging dem Ende zu, weshalb wir entspannter wurden. Draußen, in Franks Garten, sang eine Amsel mit einer Vielfalt an Melodien, wie man sie selten hört. Schön, von Amselgesang geweckt zu werden.

Zum Frühstück kam Bettina mit frischen Brötchen vorbei. Was haben wir doch für einen tollen Verlag, dachten wir. Bis Frank den Kaffee brachte. Es war ein schwäbischer Kaffee, dünn, als hätte er eine Bohne durchs Wasser geschossen. Gut, Frank ist Teetrinker, das erklärt manches. Wir hatten nun offenbar seit dem Schock von gestern eine selektive Wahrnehmung und sahen in jedem Tübinger einen knausrigen Schwaben! Und das ist Frank nun mal wirklich nicht.

Tino und ich nutzten die Gelegenheit und erledigten am Vormittag E-Mails und Telefonate im Verlag. Unsere Tour hatte sich zu einem Großunternehmen ausgeweitet. Wir hatten Presse, Funk und Fernsehen mit Infos zu versorgen, bevor wir weiterreisen konnten. Außerdem warteten wir noch auf Nachricht, ob uns Ministerpräsident Kretschmann empfangen würde. Logistisch wäre das kein Problem, wir hatten ja noch ein Baden-Württemberg-Ticket, gesponsort von der *Deutschen Bahn AG.*

Wir verabschiedeten uns und stellten uns fünf vor elf mit der badischen Fahne vor das Verlagsgebäude. Um elf hielt ein Offenburger, ein junger Mann, der uns in Tübingen bis zum Bahnhof fuhr. Von unserer Tour hatte er schon im Radio gehört, doch erkannt hatte er uns nicht. Dank der Fahne und meiner kurzen Haare hielt er uns für Hare-Krishna-Jünger. Der arme Badener hatte seine eigene Landesfahne nicht erkannt! Kein badischer Patriot also, der uns aufgesammelt hatte. Er schlug uns vor, einen Abstecher zur Tübinger Wagenburg zu machen, die eine interessante Geschichte habe und schon seit über zwanzig Jahren bestehe. Das sei eine ganz andere Welt als die üblichen Sehenswürdigkeiten. Leider war die Zeit dafür zu kurz, außerdem wartete der Landesvater auf uns. Als altgedienter Hippie hatte ich fast ein schlechtes Gewissen, dass wir so staatstragend waren und die Wagenburg sausen ließen, um Winfried Kretschmann die Hand zu schütteln.

Da wir es satt hatten zu trampen und zu betteln, fuhren wir von Tübingen nach Reutlingen mit der Bahn, schließlich hatte unser Finanzminister noch ein paar Euro. Wir hatten oft genug die Erfahrung gemacht, dass es funktionierte, ohne Geld zu reisen, sei es privilegiert und mit Ankündigung des Buches oder mit dem Daumen im Wind. Wem wir von unserem Buchprojekt erzählten, unterstützte uns großzügig. Siehe *Daimler*. Wenn wir ohne Netz und doppelten Boden »bettelten«, wurde uns Unterkunft und Verpflegung gegeben, siehe Hotel *Anker* in Ulm. Wenn wir den Daumen in die Luft hielten, wurden wir mitgenommen. Gegen zwölf Uhr waren wir in Reutlingen. Um 12.07 Uhr kam eine SMS von Manfred Kern: »Fahrt bitte noch nicht weiter. Ich warte noch auf Antwort vom MP.« Jetzt also wurde es spannend. Würden wir mit Winfried Kretschmann das *Badnerlied* anstimmen? Manfred Kern hatte uns bestätigt, dass er es beherrscht und auch über eine gute Stimme verfügt. Wir diskutierten, was wir nun in Reutlingen unternehmen sollten. »Gehen wir erst mal mittagessen«, schlug Tino vor. Wir fanden einen Italiener neben der Volkshochschule namens *La Bruschetta* mit kleinem Garten. Unter Platanen speisten wir Pizza und Pasta, wir hatten ja noch ein paar Euro, dank des spendablen Apothekers in Blaubeuren. Nix da mit »Ohne Geld durch Schwaben«! Wir waren keinen einzigen Tag mit leerem Portemonnaie unterwegs gewesen.

Um 12.37 Uhr kam die Nachricht: »Könnt ihr noch umkehren? Der MP ist bis 16:30 Uhr im Haus.« Jetzt mussten wir schnell reagieren. Also packten wir unsere Rucksäcke und gingen im Laufschritt zum Bahnhof. Unterwegs riefen wir bei der Lokalredaktion des *Reutlinger Generalanzeigers* an. Der Redakteur war wohl der einzige Journalist in Baden-Württemberg, der nichts von unserer Tour wusste. Wir fassten kurz zusammen. Ob uns denn vielleicht jemand aus der Redaktion Stuttgart zu Ministerpräsident Kretschmann begleiten möchte? Wir möchten mit ihm die badische Fahne hissen und das *Badnerlied* singen. Der Redakteur nahm uns die Geschichte nicht ab, wollte aber recherchieren und zurückrufen. Er selbst könne unmöglich mitfah-

Gastrotipp: *La Bruschetta*

Günstiges und gutes italienisches Restaurant mit schönem Biergarten bei der Volkshochschule. Wechselnde Wochenkarte. Cafeteria und Restaurant in der VHS.

La Bruschetta
Spendhausstraße 6
72764 Reutlingen
www.labruschetta-reutlingen.de

ren. Im Bahnhof stellten wir fest, dass der nächste Zug nach Stuttgart um 14.48 Uhr fahren würde. Ein Anruf aus Stuttgart aus dem Büro von Manfred Kern: Wir sollten noch nicht losfahren, der Ministerpräsident sei in einer wichtigen Sitzung. Er käme womöglich zwischendurch raus. Antwort unsererseits: Wir könnten um 15.30 Uhr in Stuttgart sein. Wo wir denn genau hinkommen sollten? Ins Abgeordnetenhaus. Vom Landtag ginge es durch den Tunnel. Ich kannte den Weg. Anruf vom *Generalanzeiger*: Ein Mitarbeiter würde gleich kommen, hätte aber kein Auto. Das war kein Problem, wir hatten ja noch das zweite Baden-Württemberg-Ticket für fünf Personen. Wie man uns denn erkenne? Auch kein Problem. Wir stünden vor dem Bahnhof mit zwei großen Rucksäcken, außerdem trug ich eine knallig orangefarbene Kappe. Anruf aus Stuttgart: Die Mitarbeiterin von Manfred Kern sei auf dem Weg zum Vorzimmer von Herrn Kretschmann. Wir sollten noch warten. Wir warteten. Auf den Mitarbeiter des *Generalanzeigers* und den Anruf aus Stuttgart. Der Mitarbeiter kam auf uns zu, winkte. Das Handy klingelte, als der junge Mann uns begrüßte: »Der Herr Minischderpräsident kann definitiv nicht die Sitzung verlassen, seine Referentin findet das Projekt aber total spannend und hat alles versucht.« Der Praktikant des *Generalanzeigers* war live dabei, als wir zum zweiten Mal bei unserem Landesvater scheiterten.

Der Praktikant hieß Alexander und studierte in Tübingen Politik. Wir setzten uns in einen Park und erzählten ihm unsere Geschichte. »Tja, wenn es beim Ministerpräsident nicht klappt, gehen wir zu eurem Oberbürgermeister«, sagte Tino. Also flanierten wir spontan zum Rathaus. Wir fanden dank der modernen Technik unterwegs heraus, dass der Oberbürgermeister eine Oberbürgermeisterin sei und Barbara Bosch hieß. »Guten Tag, wir sind zwei Badener, die ohne Geld durch Schwaben ziehen, und wir würden gerne mit Ihrer Chefin sprechen. Wir haben nämlich die badische Fahne dabei, die wir in ihrem Amtszimmer hissen möchten.« Wir hielten der Vorzimmermitarbeiterin die Fahne entgegen, um zu demonstrieren, wie ernst wir es meinten. Die persönliche Referentin tauchte aus dem Hintergrund auf. Frau Bosch habe im Augenblick leider wirklich keine Zeit. Für uns sei der Pressereferent der richtige Mann, Herr Löffler. Sie bugsierte uns freundlich, aber bestimmt in sein Büro.

Wolfgang Löffler erwies sich als Mann mit Humor. Er feierte gerade mit seiner Abteilung mit Sekt und Schnittchen und lud uns gleich ein, schließlich hielt er uns für völlig ausgehungert. Wir bedauerten, dass wir dank Herrn Kretschmann nicht viel von der Stadt mitbekommen hatten und morgen schon weiterziehen mussten. Wo wir denn übernachteten, wollte er wissen. Wir hätten aus Tübingen fliehen müssen und gingen nun zu meiner Schwägerin Dagmar, erzählten wir ihm. Sie sei aus Niedersachsen, lebe seit bald 30 Jahren mit ihrem Mann in Reutlingen und spreche immer noch kein Wort Schwäbisch. Im Gegensatz zu ihrer Schwester, meiner Frau, die vor 25 Jahren nach Karlsruhe gezogen ist und fließend badisch spreche. Wie er sich denn das erklären könne? Wolfgang Löffler und auch seine Mitarbeiterinnen hatten keine Ahnung. Gerade das Reutlinger Schwäbisch sei das schönste Schwäbisch überhaupt. Schwäbisch gehöre doch zu den unbeliebtesten deutschen Dialekten überhaupt, entgegnete ich. »Aber

Reutlingens schöner Marktplatz – wir huschten vorbei, denn Matthias musste zum Barbier.

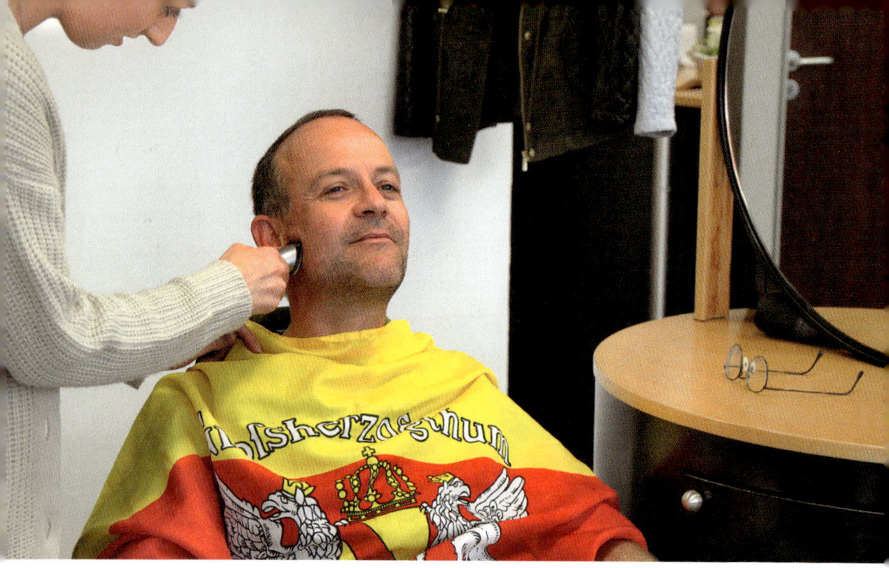

Aufhübschen fürs Fernsehen – Matthias beim Barbier.

erst nach Sächsisch«, konterte eine Mitarbeiterin. Weshalb Reutlingen wohl auch eine Städtepartnerschaft mit dem sächsischen Pirna hat. Nun stellte uns Wolfgang Löffler Reutlingen als Stadt der Tüftler und Erfinder vor. Hier wurde etwa ein elektrischer Rollator erfunden, das könnte uns vielleicht interessieren. Wir sahen uns an. Im Allgemeinen wirkten wir jünger, als wir tatsächlich waren. Hatte uns die Reise schon so mitgenommen? »Der Porsche unter den Rollatoren« sei von der Firma *Bemotec* entwickelt worden. Und zwar kam dem Chef der Firma der Einfall beim Golf spielen. Für irgendetwas muss diese Sportart ja gut sein, dachten wir. Der *Bemotec*-Chef fuhr wie immer mit seinem Elektro-Trolley über den hügeligen Golfplatz, als ihm die Eingebung kam: »Was zum Teufel machen eigentlich alte Menschen mit ihrem Rollator, wenn es bergauf geht?« Der E-Rollator kam justament während unserer Tour im April 2014 auf den Markt, Kosten: etwa 2000 Euro. Der Akku hält angeblich zehn Stunden, die Reichweite beträgt über 35 Kilometer, die Höchstgeschwindigkeit 2,5 Stundenkilometer. Wolfgang Löfflers Mitarbeiterinnen druckten weitere Informationen aus. Geladen wird das »Geschoss« an der Haussteckdose und an E-Bike-Stationen. Der Rollator verfügt über eine Aufstehhilfe und drei einstellbare Geschwindigkeiten. Allerdings kann man sich nicht auf den Rollator setzen und den Berg hinauffahren. Der Porsche unter den Rollatoren soll lediglich ziehen und beim Bergabgehen bremsen.

Wir »(Fast-) Best Ager« hatten also etwas für unsere Zukunft und über Reutlingen gelernt. Wolfgang Löffler versuchte in der Zwischenzeit ernsthaft, seine oberste Chefin über den hohen Besuch aus Baden zu informieren, doch diese hatte leider überhaupt keine Zeit für uns. Mist. Vier Mal gescheitert in nur 24 Stunden. Beim Hotel in Tübingen, bei Boris Palmer, bei Winfried Kretschmann und bei der Oberbürgermeisterin von Reutlingen. Und das im Beisein eines Journalisten, eines Zeugen! Zumindest die Reutlingen-Episode würden wir im Buch nicht beschönigen können.

Immerhin die Mitarbeiterinnen ließen sich vor dem Rathaus mit der badischen Fahne fotografieren und bekamen dafür Applaus von einem badischen Passanten. Wir wollten Alexander unbedingt noch etwas bieten. Wir überlegten. Ich brauchte dringend eine Rasur, zumal wir morgen mit dem SWR-Fernsehen und Axel Gagstätter drehen sollten. Die *Landesschau* wollte über unsere Tour berichten. Zu dritt suchten wir also für mich einen Barbier. Wir fanden ihn: *Haare & Kunst. Lux & Team. Friseure.* Wir betraten den Salon mitsamt Rucksäcken. Ich stellte mich vor: »Guten Tag, ich muss morgen ins Fernsehen und gehöre dringend rasiert. Wir haben aber kein Geld dabei, weil wir zwei Badener sind, die ohne Geld durch Schwaben reisen.« Karl-Heinz Lux, der Chef, war amüsiert. »Kein Problem«, sagte er, »ich bin aus Offenburg.« Matthias stellte Alexander vor: »Der Herr

Tipp des Tages

Sehr netter badischer Frisör im Schwäbischen.

Haare & Kunst. Lux & Team. Friseure
Inhaber: Karl-Heinz und Karin Lux
Gartenstraße 33
72764 Reutlingen
www.friseur-lux.de

ist vom *Reutlinger Generalanzeiger*, er möchte einen Artikel über uns schreiben und ein paar Fotos machen.« Tino erzählte unsere Geschichte, während ich eine Rundumversorgung bekam: Eine hübsche junge Schwäbin legte mir die badische Fahne um, rasierte meinen Bart und stutzte den Schädelbewuchs, sorgte sich liebevoll um meine Augenbrauen sowie meine Nasen- und Ohrenhaare. Und Alexander hatte eine Geschichte und ein Foto für den *Generalanzeiger*.

Da wir nicht wussten, wie wir zu Fuß zu meiner Schwägerin Dagmar kommen sollten, kopierte uns die Chefin einen Stadtplan in Farbe und zeichnete uns den Weg dorthin ein. Es gab sie also auch hier: unglaublich hilfsbereite Schwaben oder Badener oder beides.

Tino verbrachte die Nacht – weit entfernt von meinem angeblichen notorischen Schnarchen – in einem Gästebett im Dachgeschoss, ich schlief im Wintergarten und hatte selige Träume. Vielleicht lag es daran, dass auf mir Dagmars Katze lag und vor sich hin schnurrte.

Schwäbischer Whisky

Wir beschlossen den Tag auf der Terrasse meiner Schwägerin Dagmar mit Spaghetti Bolognese, Trollinger und schwäbischem Whisky. Und wir erfuhren, dass es einen *Schwäbischen-Whisky-Trail* gibt. Man kann eine dreitägige Rundfahrt im Oldtimerbus *Heidi* buchen und insgesamt acht Whisky-Destillen und Restaurants besuchen. Freitags geht es von Tübingen los mit einer Übernachtung im *Whisky-Hotel Lamm*. Weiter geht's über Fellbach, Unterlenningen, Aglishardt und Nellingen zurück nach Tübingen. Wo man in der »Schwäbischen Whisky-Zentrale« einkaufen kann. »Erleben Sie auf einer unvergesslichen Rundfahrt schwäbische Whisky-Destillen, schwäbische kulinarische Spezialitäten und die unvergleichliche Landschaft zwischen Neckartal und Schwäbischer Alb.« Das verkündet die Website:

www.schwaebischer whisky.com

Die Sterne über Baiersbronn

Tino Berlin

Natürlich muss das Fernsehen mit dabei sein, wenn zwei Badener die Schwaben testen. Unser findiger schwäbischer Verleger hatte bei der *Landesschau* angerufen. Klar wolle man über uns berichten, aber nur, wenn wir wirklich Originelles zu erzählen hätten. Das hatten wir schon vor unserer Tour, ein kleiner Vorbericht wurde im Februar gesendet. Und gegen Ende der Reise wollten wir zwei Köche gegeneinander antreten lassen, einen Spitzenkoch aus Baden und einen aus Württemberg. Eine wichtige Rolle sollten dabei Kinder aus Baiersbronn spielen. Und ganz zum Schluss wollten wir die letzte Nacht in einem ganz besonderen Ambiente verbringen. Doch eines nach dem anderen.

Am Morgen des 7. Mai regnete es ohne Unterlass. Zum Glück war Harald Merkt über die Presse auf unsere Tour aufmerksam geworden. Der Weltmarktführer für Tischtennisautomaten ließ es sich nicht nehmen, uns nach dem Frühstück in Reutlingen bei Dagmar mit dem Auto abzuholen. Das Ziel stand schon lange fest. Heute sollten wir in Baiersbronn, zusammen mit einem Fernsehteam des *Südwestrundfunks*, im Sterne-Restaurant *Sackmann* drehen und essen. Jörg

Spritztour mit einer *Zündapp Bella*, Harald Merkts historischem Motorrad.

Sackmann ist einer von drei Sterneköchen in der deutschen Kulinarik-Hauptstadt Baiersbronn.

Als wir Haralds Haus erreichten, war die Presse schon vor Ort. Auch Walle Sayer, Freund und Schriftstellerkollege von Matthias, hatte sich eingefunden. Gemeinsam tranken wir ein Gläschen Champagner, das uns Harald spendiert hatte. Walle hingegen spendete Matthias ein Hemd für die Dreharbeiten. Am Vorabend hatte Matthias bei einem Blick in den Rucksack festgestellt, dass er kein frisches Hemd mehr hatte, das er hätte anziehen können. Der *Schwarzwälder Bote* bemerkte am kommenden Tag im Übrigen folgerichtig: »Schwabe schenkt Badener letztes Hemd«.

Nachdem wir eine Runde mit Haralds historischem Motorrad, einer *Zündapp Bella* mit Seitenwagen, gefahren waren, ging es schnell weiter nach Freudenstadt – zum Frühstück auf dem Marktplatz mit Gudrun Krüper, der Chefin der *Arkadenbuchhandlung*. Bei besserem Wetter wären wir mit Haralds *Bella* auf dem Freudenstädter Marktplatz eingetrudelt. Im *Café Pause* bot sich die Gelegenheit, mit Gudrun und Harald einen Kaffee zu trinken. Die *Arkadenbuchhandlung* hatte uns kurz vor unserer Reise mit detailreichen Karten ausgestattet, damit wir uns nicht versehentlich auf badisches Gebiet verirrten. Aber leider hatten wir nicht viel Zeit, in Baiersbronn wurden hinter den Kulissen schon die Vorbereitungen für die Dreharbeiten in die

Wege geleitet, und so ging es direkt weiter. Sternekoch Jörg Sackmann begrüßte uns vor Ort persönlich. Harald hatte in der Zwischenzeit einen Tisch im Restaurant besetzt und gedachte, uns zum Essen einzuladen. Mit dem Hinweis, dass wir in absehbarer Zeit am Kochduell teilnehmen müssten, lehnten wir zunächst höflich ab. Schließlich durften wir im Anschluss das Essen verkosten. Doch wir hatten nicht mit Haralds Widerstand gerechnet. Er bestand weiterhin hartnäckig auf ein kleines Drei-Gänge-Menü, ein angemessener Rosé-Wein inklusive. Um ihn nicht zu brüskieren, willigten wir ein. Wir haben es nicht bereut.

Harald erzählte von seiner Erfindung, dem Tischtennisautomaten, den er in Ermangelung eines Mitspielers erfunden hatte. Erst im Alter von zwanzig Jahren hatte er nämlich das Tischtennisspielen für sich entdeckt. Zu Beginn stand eine einfache Fangvorrichtung hinter der Tischtennisplatte, damit Harald den Aufschlag effizient trainieren konnte. Da er bald Fortschritte machte, tüftelte er an der Entwicklung einer Ballwurfmaschine. Nach einem Jahr und mit Hilfe eines Nähmaschinenmotors sowie eines Eisenbahntrafos hatte er einen Prototypen entwickelt.

Die Erfindung sprach sich herum. Erste Bestellungen trudelten ein, zunächst waren es Vereinskollegen, die ihre Spielstärken maximieren wollten. Dann zeigten auch Nachbarvereine Interesse, und schließlich meldete sich das *Aktuelle Sportstudio*, damals noch mit Harry Valérien. Das Unternehmen wuchs. Heute trainieren chinesische Meister, Weltmeister und Spieler aus aller Welt mit Harald Merkts Automaten, und selbst im Hollywood-Film *Forrest Gump* sieht man in einer Szene einen seiner Tischtennisautomaten. Harald Merkt ist einer der typischen Erfinder und Tüftler, für die Baden-Württemberg weltbekannt ist (www.ttmatic.de).

Wir hätten dem Horber Unternehmer noch stundenlang zuhören können, doch plötzlich stand SWR-Reporter Axel Gagstätter an unserem Tisch. Während wir mit ihm den Ablauf der Dreharbeiten besprachen, trafen auch die Kinder ein, welche den Starköchen assistieren sollten.

Maxi, Sabrina, Gina und Lea waren verständlicherweise ein wenig aufgeregt. Schließlich fanden wir uns alle in der Küche ein. Der

Eine unserer Nachwuchsköchinnen bei Sackmann.

Kameramann und der Tontechniker überlegten, wie sie in den Räumlichkeiten die beste Atmosphäre einfangen konnten, und Axel puderte die Kinder fernsehtauglich. Duellpartner waren zwei Junior-Köche, ein badischer und ein schwäbischer, bestens unterstützt von den Baiersbronner Mädchen. Als württembergischer Koch ging Nico Sackmann, Sohn des »Sterne-Trägers« Jörg Sackmann, ins Rennen, als badischer Vertreter Daniel Fehrenbacher vom *Adler* in Lahr. Beide wurden kürzlich in die Elite der jungen Spitzenköche, der *Jeunes Restaurateurs*, aufgenommen. Die Kinder schnippelten und rührten unter Anleitung von Nico Sackmann und Daniel Fehrenbacher, dazwischen das Fernsehteam und wir, die beiden Badener. Wir stellten Fragen und versuchten uns im Herstellen formvollendeter Hechtklößchen. Dann waren die Speisen fertig. Kulinarische Köstlichkeiten par excellence. Doch welches der Gerichte würde obsiegen?

In einem Nebenraum wurde eine Tafel geschmückt, die Kamera und Tontechnik in Stellung gebracht. Die Nachwuchsköchinnen setzten sich kichernd an einen Nebentisch, Nico Sackmann und Daniel Fehrenbacher standen gespannt neben dem Türrahmen. Die Tester des Kochduells hatten sich an der langen Tafel aufgereiht. Jurymitglieder waren: Moderator Gagstätter, Harald Merkt, als »Special Guests« die Nachwuchsköche Stefan Brink aus Gießen, Daniel Hintner aus Südtirol und natürlich wir.

Dann wurde aufgetischt. »Kamera läuft!« Auf Kommando aßen wir mit Appetit. Was also mundete besser, die Rösti mit Spargelcreme oder die Zanderbällchen? Die Jury zog sich zur Beratung in einen weiteren Nebenraum zurück. Es wurde diskutiert und abgewogen.

Das Ergebnis endete 3 : 3. Eine weise Entscheidung!

Damit war der Drehtag zu Ende, alle packten ein, Jörg Sackmanns Mitarbeiter räumten die Tafel ab.

Ich zeichnete jedem der Kinder ein Bild nach Wunsch: einen Löwen auf dem Skateboard, eine Schildkröte auf der Rakete und anderes mehr. Wir plauderten noch ein wenig mit Reporter Axel und dem Kameramann, dann schleppten wir uns auf unsere Zimmer. Wir hielten eine kleine Siesta. Bis es an unsere Türen klopfte. Wir öffneten fast gleichzeitig. Das Zimmermädchen stand da und teilte uns mit, Jörg und Nico Sackmann warteten mit dem Abendessen auf uns. Wir lehnten herzlich dankend ab. Nach der Frühstückspause, einem Drei-Gänge-Menü und der ausgiebigen Verkostung gleich zweier Gerichte im Rahmen des Kochduells waren wir nicht mehr aufnahmefähig.

Ich ließ den Abend mit einer Runde im hoteleigenen Schwimmbad ausklingen. Entspannung pur. Dann ging es ins Bett. Himmlische Ruhe. Über Baiersbronn leuchteten die Sterne.

Gastrotipp: *Restaurant Sackmann*

Eines der besten deutschen Hotel-Restaurants. Chef des Hauses und Koch Jörg Sackmann wurden (unter anderem) zwei Michelin-Sterne verliehen. Das Haus verfügt außerdem über einen umfangreichen Wellnessbereich. Hinzu kommt ein traumhaft im Nordschwarzwald gelegenes Gästehaus mit Ferien-Appartements. Die Restaurants *Schlossberg, Anitastube* oder die *Kaminstube* lassen das Herz des anspruchsvollen Gastes höher schlagen. Jörg Sackmann und sein Team bieten auch Kochkurse an.

Hotel-Restaurant Sackmann
Murgtalstraße 602
72270 Baiersbronn
www.hotel-sackmann.de

Vom Dornröschenschlaf einer Kleinstadt und einer Nacht im Bettenhaus

Matthias Kehle

Je länger wir unterwegs waren, desto schräger wurden unsere Einfälle. Aber schon im Zuge der Vorbereitungen waren uns die originellen Ideen nur so zugeflogen. Als der *Schwarzwälder Bote* im März über unsere geplante Tour berichtet hatte, meldete sich bei uns das *Bettenhaus Schwarz* in Pfalzgrafenweiler. Stephanie und Frank van der Meyden mailten, wir könnten gerne bei ihnen im Bettenhaus übernachten, für ein angemessenes Catering werde ebenfalls gesorgt. Von der Presse ganz zu schweigen, denn wann übernachten schon einmal Schriftsteller im Bettenhaus? Wir mailten zurück: Klar, das machen wir gerne, aber nur, wenn wir im Schaufenster übernachten dürfen!

Nach dem Frühstück im Hotel *Sackmann* holte uns Frank van der Meyden am 8. Mai um zehn Uhr aus Baiersbronn ab. Stephie war noch damit beschäftigt, für uns gelbe Socken zu besorgen, denn wir hatten den beiden die Aufgabe gestellt, uns zu echten Gelbfüßlern zu machen. Schließlich wollten sie mit uns noch eine Wanderung durch den Barfußpark machen, außerdem hatte sich der SWR noch einmal zu einem Dreh für die *Landesschau* angekündigt.

Gelbfüßler

Der Begriff *Gelbfüßler,* liebe Schwaben, wurde erst um 1900 auf die Badener übertragen, vorher schmückte man die Schwaben damit. Es heißt auch *Badener* und nicht *Badenser.* Nicht, dass die Badener wegen der falschen Bezeichnung beleidigt wären, sondern, vielmehr bedauern sie die Schwaben, da diese alles können außer Hochdeutsch: Man spricht ja auch nicht von *Heilbronnsern* und *Frankfurtsern. Gelbfüßler* für Badener, so mutmaßt man, könnte zurückzuführen sein auf den badischen Wappengreif, der früher gelbe Klauen hatte. Angeblich trug das badische Regiment im 18. Jahrhundert gelbe Gamaschen. *Gelbfüßler* steht allerdings ursprünglich – man glaubt es kaum – für die Schwaben! In einem Werk von Johann Fischart aus dem Jahr 1575 steht bereits nachzulesen, dass die Schwaben »gelb Füß« hätten. Dies lag nicht am Trollinger, der bei fortgesetztem Konsum Leberschäden und damit eine Gelbfärbung der Haut verursacht, nein, die Schwaben liefen ob ihrer Armut barfuß, weshalb ihre Füße einen braun-gelben Farbton annahmen. Auch in Sebastian Sailers Mitte des 18. Jahrhunderts erschienenem Schwank *Die sieben Schwaben* findet sich diese Bezeichnung für einen Schwaben. Und schließlich vermerkt das Schwäbische Wörterbuch von 1831, dass die schwäbischen Weinbauern und die Hofbediensteten *Gelbfüßler* seien, »erstere aufgrund ihrer gelben hirschledernen Hosen, zweitere wegen der gelben Livree« (*wikipedia*). Und schließlich schreiben die Brüder Grimm im *Deutschen Wörterbuch, Gelbfüßler* sei »vor zeiten ein Spottname der Schwaben bei ihren Nachbarn«.

Es ist also nicht verwunderlich, dass Stephie in ganz Freudenstadt keine gelben Socken erstand.

Zuletzt versuchte sie es bei einem badischen Unternehmen, bei einer Filiale des Drogerie-Markts *dm* mit Hauptsitz in Karlsruhe. Mit Erfolg!

»Dornstetten liegt im Dornröschenschlaf«, sagte Frank, »wir machen mit euch deshalb eine Stadtführung.« Tatsächlich liegt das Städtchen im touristischen Schatten von Freudenstadt und Baiersbronn, obwohl es der *Deutschen Fachwerkstraße* angegliedert ist. Zwar hatten wir auf unserer Reise schon reichlich Fachwerkhäuser gesehen, aber noch keine mit Rundfachwerk. Außerdem hatten wir noch nie einen Stadtführer wie Heiner Albrecht, der reichlich ungewöhnliche Fakten über Dornstetten erzählte. Die Baumeister der Dornstetter Häuser haben damals die Balken gebogen, so dass im Fachwerk runde Formen zu sehen sind – einzigartig in Deutschland –, so etwa am *Hegelhaus*, einem alten Kaufhaus, in dem heute ein Puppen- und Spielzeugmuseum untergebracht ist, sowie am Rathaus. Dass Dornstetten heute wenig als Touristenziel bekannt ist, mag auch daran liegen, dass es seine Funktion als Oberamtsstadt nur etwas mehr als 50 Jahre ausüben konnte (von 1755 bis 1807), dann wurde sie an Freudenstadt übertragen. Seitdem liegt also das 8000-Seelen-Städtchen im Dornröschenschlaf. Vielleicht ändert sich das im Jahr 2017, wenn die Gemeinde ihre 1250-Jahr-Feier begeht, denn sehenswert ist auch die ehemalige Ringmauer, die bis zu 1,80 Meter stark ist, außerdem die Grabengärten am Hang unterhalb des Stadtkerns. Heiner Albrecht führte uns in die Martinskirche und spielte uns auf der Orgel einige Choräle und ein Jazz-Stück vor. Virtuos, denn er ist einer von vier Stadtorganisten. Vom Kirchturm hat man einen sagenhaften Blick auf das Bilderbuchstädtchen und seine Umgebung, unter anderem zum sieben Kilometer entfernten Freudenstadt. Besonderheit: Man steigt zwischen den Glocken des Turms hindurch, darf also nicht während des Geläutes aufsteigen. Aber dafür sorgt schon Heiner Albrecht. Als wir zu Besuch waren, brütete im Turm ein Turmfalke fünf Eier aus.

Eine weitere Besonderheit Dornstettens war die 1558 eingerichtete *Teutsche Schule*, eine Schule für das gemeine Volk. Anlass war die *Große Kirchenordnung* des Herzogs Christoph, derzufolge sich das Volk im Schreiben, Lesen und Psalmensingen zu üben hatte. Stadtführer Albrecht trug außerdem eine Nachbildung eines »Heiligs Blechle« bei sich. Das ist kein Matchboxauto, sondern eine kupferne Plakette, die früher der *Heiligenverein* der Stadt an die Armen ausgab, damit sie dieses gegen ein kostenloses Mittagessen eintauschen

Blick auf Dornstetten im Schwarzwald.

konnten. Mit dem heutigen heiligen Blechle der Schwaben hat der ursprüngliche Begriff also nichts zu tun. Während der Pest war Dornstetten für kurze Zeit Universitätsstadt, denn die Universität Tübingen lagerte hierhin ihre philosophische Fakultät aus. Allerdings nur für zwei Semester, von 1482 bis 1483.

Aus der Rechtsgeschichte Dornstettens überlieferte Kuriositäten erfährt man bei einer Stadtführung mit Heiner Albrecht ebenfalls. In der Gemeinde gab es einen »Driller«, in dem Delinquenten bei kleineren Vergehen gesperrt wurden. Man hat sich darunter einen runden mannsgroßen Käfig vorzustellen, den man leicht zum Rotieren bringen konnte. Wer also zu zwei Stunden Driller zwischen 11 und 13 Uhr verdonnert wurde, musste damit rechnen, von sämtlichen Schulkindern des Ortes bis zum Erbrechen »gedrillert« zu werden. Und angeblich gab es im Mittelalter, als Dornstetten gerade mal 700 Einwohner hatte, einen Schuhmacher, der wegen Mordes hingerichtet werden sollte. Es war der einzige Schuster im Ort, weshalb sich die Dornstetter Bürger heftig über das Urteil beschwerten. Der Richter – ein offenbar weiser Mann – verurteilte nun stattdessen einen Wagner zum Tode, schließlich gab es zwei Männer, die diesen Beruf ausübten, und einer reichte vollkommen aus.

Wer in den Genuss einer Führung mit Heiner Albrecht kommen möchte, muss Dornstetten sonntags besuchen, und zwar ab 14 Uhr. Dann steht er entweder vor der Martinskirche und spricht Touristen an (»Haben Sie Lust auf eine Stadtführung?«) oder er spielt gerade Orgel. Also, einfach mal vorbeischauen.

Gastrotipp: *Café Canapé*

Das Ehepaar van der Meyden lud uns zum Mittagessen ins *Café Canapé* ein, direkt am Marktplatz gelegen mit Sitzplätzen drinnen und draußen. Angeboten werden kleine Speisen, Eis und selbst gebackener Kuchen. Spezialität des Hauses sind süße und salzige Crêpes.

Canapé / Cafè-Bistro am Markt
Marktplatz 6
72280 Dornstetten
www.canape-dornstetten.de

Gelbfüßler in Blähton

In Dornstetten kamen bei uns Karlsruher Rand-Schwarzwäldern heimatliche Gefühle auf. Hier sieht es aus wie im badischen Nordschwarzwald, und tatsächlich fühlen sich die Einheimischen als Schwarzwälder und als Schwaben. Hier wird unterschieden zwischen Schwaben aus dem Schwarzwald und Schwaben von der Alb. Am Nachmittag besuchten wir den *Barfußpark Dornstetten-Hallwangen*, den ältesten in Baden-Württemberg. Gleich zu Beginn des 2,4 Kilometer langen Rundgangs steht ein Orientierungsschild und kündigt an, worauf man sich einlässt. Es geht über Kiesel aller Art, über Sandstein- und Holzpflaster oder durch eine Wassertretstelle, über Waschbrettplatten oder Blähton.

»Prima«, rief ich, »ich habe eine Schlagzeile für die Presse heute Abend: Gelbfüßler in Blähton.«

Der Rundweg im Barfußpark war die längste Strecke, die wir auf unserer Tour durch Schwaben zu Fuß zurücklegen mussten.

Wir staksten über den Weg ohne unsere gelben Socken, denn diese mussten wegen der Dreharbeiten am Abend sauber bleiben!

Wer übrigens nicht über harte Kiesel oder das Nagelbrett gehen möchte: ein Rindenmulchpfad verläuft parallel.

Tino litt im Barfußpark unermessliche Qualen.

Barfußpark Dornstetten-Hallwangen

Öffnungszeiten täglich 9 bis 20 Uhr. Der Eintritt ist frei, die Betreiber freuen sich über eine Spende. Die große Runde dauert etwa 60 Minuten und umfasst 2,4 Kilometer, die Eingewöhnungsrunde etwa 25 Minuten bei 1,4 Kilometern Länge. Angeboten werden Gruppenführungen ab acht Personen durch ausgebildete Schwarzwaldguides (Kosten 40 Euro, Dauer eineinhalb bis zwei Stunden). Empfohlen wird, ein Handtuch mitzubringen, am Ende des Rundgangs gibt es die Möglichkeit, die Füße kalt abzuduschen.

www.barfusspark.de

Die »Gelbfüßler« im Barfußpark.

Stephie und Frank hatten natürlich Handtücher dabei, und zwar in den badischen Farben rot und gelb, um uns die Füße abzutrocknen!

Das *Mode- und Bettenhaus Schwarz* hat zwei Standorte, einen in Dornstetten (hier gibt es nur Mode!) und einen in Pfalzgrafenweiler, wo wir auch übernachteten. Das *Mode- und Bettenhaus* ist nicht die einzige Attraktion des Ortes. Vormals ein Schreinerdorf mit über zwanzig Schreinern, ist Pfalzgrafenweiler heute erstens bekannt für seinen Ameisenkreisel, auf den wir gleich kletterten, um die badische Fahne zu hissen. Zweitens ist die Firma *Pfalzgraf* hier ansässig, eine Großkonditorei, die 30 000 Torten pro Tag für den Weltmarkt produziert, das sind 4,2 Torten pro Tag und Bürger in Pfalzgrafenweiler. Wohl jeder Deutsche hat schon einmal eine Torte aus Pfalzgrafenweiler gegessen. Zurück zum *Bettenhaus Schwarz*, das 2014 sein 175-jähriges Bestehen feierte und in der sechsten Generation in Familienbesitz ist. Die vierzig Mitarbeiter sind stolz darauf, dass sie beim »Bettenfachhändler des Jahres 2013« arbeiten, laut Stephie und Frank haben sie diese große Auszeichnung von einer Fachzeitschrift verliehen bekommen, vergleichbar mit dem *Grammy* in der Musikbranche. Frank kommt als Betten- und Matratzenexperte regelmäßig in Funk und Fernsehen zu Wort. Wir sollten die Nacht also nicht in einem x-beliebigen Bettenhaus verbringen!

Ein traumhafter Schaufenster-schlaf und ein (fast) triumphaler Empfang in Karlsruhe

Tino Berlin

Die van der Meydens dinnierten mit uns noch in Dornstetten-Aach, wo uns die Inhaberin des Gasthofes *Waldgericht* zu einem hervorragenden Abendessen einlud. Danach fanden wir uns wieder im Bettenhaus in Pfalzgrafenweiler ein, und wir waren überrascht von der Stille, die uns nach diesem ereignisreichen Tag plötzlich umgab. Nun wartete ein Bett auf uns. Ein Bett? Unzählige! Nachdem wir für Presse und Fernsehen erfolgreich das eine oder andere Bett getestet hatten, fiel uns die Wahl nicht schwer. Matthias hatte sich für ein geräumiges Bett im hinteren Bereich entschieden und fiel schnell in einen tiefen Schlaf. Ich schlief tatsächlich im Schaufenster.

Zunächst stand jedoch ein nächtlicher Spaziergang durch das weitläufige Bettenhaus auf meinem Programm. Das Licht war angenehm gedimmt, andächtig wandelte ich durch das menschenleere Kaufhaus. Wo sich am Tage Kunden tummelten, herrschte nun eine ganz andere Stimmung. Die Kasse war verwaist. »Kasse geschlossen« leuchtete auf dem Display. Ich fühlte mich der Welt entrückt, die Zeit schien stehengeblieben zu sein.

Die Gelbfüßler schlafen im Schaufenster.

Ein Sessel lud mich zum Verweilen ein, und mein Blick schweifte über Regale mit Badeschaum und Bodylotion, Bademänteln, Badehosen und Schlafanzügen. Ich warf einen Blick in die nächste Abteilung, wo Kissen und weiche Bettwäsche lockten. Alles lag wie verwunschen da. Traumhaft. Angesichts der gemütlichen Kissen und Decken überkam mich ein Gefühl der Müdigkeit. Zeit zu Bett zu gehen, dachte ich bei mir.

Ein weiterer Kindheitstraum hatte sich erfüllt: eine Nacht im Kaufhaus.

Selig begab ich mich zum Bett meiner Wahl im Schaufenster. Zur Linken sollte ein lebensgroßer Hirsch aus Gips über meinen Schlaf wachen, zur Rechten stand, einem Engel gleich, eine adrette Schaufensterpuppe. Guuds Nächtle!

Gegen acht Uhr erklang dezente Musik aus den Lautsprecherboxen des Bettenhauses, auf der Straße vor dem Schaufenster fuhren Autos vorbei. Keiner der Insassen bemerkte, dass sich in dem Doppelbett im Schaufenster ein Mensch rekelte. Ich gab mir einen Ruck, ergriff Kulturbeutel und frische Wäsche und begab mich unter die Dusche.

Zwischenzeitlich waren Stephanie und Frank eingetroffen und baten zum Frühstück. Croissants und Kaffee brachten uns wieder auf die Beine. Als die ersten Kunden das Bettenhaus betraten, mussten wir aufbrechen. Fast kamen sie uns vor wie Eindringlinge, hatten wir doch die ganze Nacht frei über die Wohn- und Schlaflandschaft verfügen können.

Das Unternehmerpaar fuhr uns zum Bahnhof in Freudenstadt. Zu unserer Überraschung erwartete uns bereits Christiane Maier vom Tourismusbüro am Bahnsteig. Stilecht in Schwarzwälder Tracht und mit Bollenhut, war das Schwarzwaldmädel beauftragt worden, uns zu verabschieden. Wäre das nicht schon genug gewesen, überreichten uns Stephanie und Frank je eine große Tasche mit Präsenten aus dem Bettenhaus: Shampoo und Bodylotion, ein schwäbisches Kochbuch und die frisch gewaschenen gelben und roten Handtücher, die wir im Barfußpark benutzt hatten.

Dann schloss sich die Tür der S-Bahn, und wir fuhren durchs Murgtal mit seinen riesigen Felsformationen und gewagten Brückenkonstruktionen zurück ins schöne Badnerland. Spätestens in Gernsbach fiel uns auf, dass der Dialekt der Zugestiegenen gewechselt hatte. Der Kosmos der großzügigen und weltoffenen Schwaben lag hinter uns. Kein Zweifel, wir waren wieder in heimatlichen Gefilden, und wir freuten uns auf Karlsruhe, wo man uns mit offenen Armen empfangen würde, wie wir hofften.

Empfangen wurden wir zunächst am Karlsruher Albtalbahnhof, und zwar von einem historischen Straßenbahnwagen aus den 1930er Jahren. Neben ebenfalls historisch gewandeten Straßenbahnmitarbeitern hatte sich auch unser Lektor Michael Kohler eingefunden. Er war während unserer Reise gewissermaßen unsere Bodenstation und »Pressereferent«. Der Straßenbahnfahrer mit seiner an die 1930er Jahre erinnernden Mütze und seinem Mantel passte kongenial zum Ambiente des historischen Spiegelwagens. Unsere Karlsruher Kollegin Eva Klingler, die uns zu Beginn der Reise mit der Badner-Tasse und der badischen Fahne ausgerüstet hatte, war auch wieder dabei. Glücklich schloss sie ihre Fahne in die Arme, küsste und herzte sie.

Ein Blick auf die Uhr verriet, dass wir uns allmählich auf den Weg zu unserem eigentlichen Treffpunkt, dem *Stephanplatz,* machen sollten. Weil es Vergnügen bereitete, mit einem historischen Straßenbahnwagen zu fahren, und weil unsere zugestiegene Fotografin Kirsten Bohlig viele Bilder machen wollte, entschied sich der Fahrer, einen Umweg zu machen. Dennoch kamen wir ein paar Minuten zu früh auf dem *Stephanplatz* an. Wir verließen den Wagen, nicht ohne uns vorher beim Personal bedankt zu haben – und blickten uns um.

Da standen wir nun.

Die triumphalen Jubelchöre, die badische Fahnen schwenkenden Lokalpatrioten ließen auf sich warten. Ratlos sahen wir uns an.

Da erblickten wir unsere Gattinnen sowie meinen Sohn Janik. Strahlend eilten sie auf uns zu und schlossen ihre Helden in die Arme. Gleich darauf sichteten wir einige Freunde. Vereinzelt tröpfelten Schaulustige und Würdenträger ein, darunter Robert Mürb von der *Landesvereinigung Baden in Europa*. Völlig entschleunigt näherten sie

Ankunft in Karlsruhe. Mit der Oldtimerbahn geht es vom Albtalbahnhof zum Europaplatz.

sich den beiden Schwabenreisenden. Ja, das ist badisches *Laissez-faire*. Nu mol ned huddle, gell?

Die *Badische Bürgerwehr*, die sich angekündigt hatte, glänzte durch Abwesenheit. Unbestätigten Informationen zu Folge weilte sie bei einer Veranstaltung von Karlsruhes Oberbürgermeister Mentrup. Dieser hatte übrigens an unserem Projekt zur Völkerverständigung gar kein Interesse. Lange vor unserer Tour hatten wir ihm einen Brief geschrieben und den Vorschlag unterbreitet, eine Städtepartnerschaft zwischen Karlsruhe und Stuttgart zu organisieren. Bis heute haben wir keinerlei Antwort erhalten. Vom Stuttgarter Oberbürgermeister Fritz Kuhn kam immerhin eine freundliche Rückmeldung, sogar Ministerpräsident Winfried Kretschmann hatte angeboten, sich zu einem gemeinsamen Fototermin zu treffen, wenn auch erst nach unserer Reise. Nur aus Karlsruhe kam – nichts. In Württemberg hingegen standen uns die Türen der Bürgermeister offen, auch bei unangekündigten Besuchen.

Immerhin, eine Karlsruher Institution empfing uns: Martin Wacker, Kabarettist, Schauspieler, Journalist, Buchautor, Stadionsprecher des KSC und Pressesprecher der Karlsruher Messe- und Kongress-GmbH. Er hatte sich trotz seiner zahlreichen Verpflichtungen Zeit für uns genommen und hielt eine kleine augenzwinkernde Ansprache.

Später sollten wir erfahren, dass der eine oder die andere irrtümlicherweise auf dem Platz neben der Stephanskirche gewartet hatte, in der Annahme, dieser sei nach der Kirche benannt. Ein folgenschwerer Irrtum. So gesehen kann man von einem »fast triumphalen Empfang« sprechen – wenn auch an unterschiedlichen Örtlichkeiten.

In kleiner Runde saßen wir am späten Nachmittag in einem Biergarten auf dem *Stephanplatz*. Wir berichteten von unserer Reise. Ereignisreich war sie gewesen. So manches Klischee über die Schwaben war widerlegt worden: Wir hatten sie beinahe ausnahmslos als großzügig, hilfsbereit und offen erlebt. Für die badisch-schwäbische Völkerverständigung war die Reise ein voller Erfolg gewesen. Dennoch waren wir uns einig: Die nächste Reise nach Württemberg werden wir mit prall gefülltem Geldbeutel machen, begleitet von unseren Familien. Vielleicht begibt sich auch der eine oder andere Badener auf unsere Spuren und genießt das Leben bei den Schwaben?

SPONSOREN, FÖRDERER UND GUTE MENSCHEN

Das *Basislager* Karlsruhe stattete uns mit Outdoor-Ausrüstung aus. Michael Grom, Chef der *Metzgerei Sack*, stiftete Dauerwurst, die Künstlerin Renate Schweizer selbstgebackenes Brot. Petra und Uwe Mumbach stellten ein Päckchen mit Müsliriegeln und Drogerieartikeln zur Verfügung. Dr. Martin Winterwerber, von der *Olympia-Apotheke am Kolping-Platz,* gab uns die nötigen Medikamente mit, um alle möglichen Malaisen zu überstehen. Heilpraktiker Thomas Bussalb sorgte für Naturheilmittel. Dem Schreib- und Geschenkwarenladen *Schaufenster*, ebenfalls am Kolpingplatz, schwatzte Matthias eine Kladde ab. Zahnarzt Dr. Matthias Fischer sorgte dafür, dass wir die Württemberger mit strahlenden Beißerchen anlächelten (»Besser ich polier' euch d' Gosch als die Schwobe!«).

Ohne unser *Hermännle*, den *Mercedes S 400 Hybrid,* wären wir nicht sanft durch Württemberg geschwebt, sondern an den ersten vier Tagen im Mai erbärmlich nass geworden. 1000 Dank an die Daimler AG! Gudrun Krüper von der *Arkadenbuchhandlung* in Freudenstadt versorgte uns mit Landkarten. Die Anreise nach Wangen sponserte *DB Regio AG, Verkehrsbetrieb Württemberg* mit einem *Baden-Württemberg-Ticket*, die Heimfahrt unterstützte der *Karlsruher Verkehrsverbund* (KVV), dank der Initiative von Judith Houy. Herzlichen Dank auch an den *Treffpunkt Schienennahverkehr Karlsruhe e. V.* für den historischen Spiegelwagen und dessen Fahrer Jochen Zefferer. Die *Winzergenossenschaft Untertürkheim*, die mit den besten Wein in Württemberg produziert, schickte uns sechs Flaschen edlen Tropfens. Besten Dank auch an Quintus Cornelius Libertus und Primus Libertus für den unvergesslichen Römerabend. Unser Dank gilt auch Erwin Schröpfer und Harry Cscheckowsky, die uns im *Opel Blitz* von Wangen nach Ravensburg brachten.

Folgende Hotels und Restaurants sorgten für kostenlose Unterkunft und wunderbare Mahlzeiten: Wangen: *Lamm*, *Fidelisbäck*, Café *Walfisch* und Café *Moritz*. Ravensburg: Restaurant *Humpis* (danke an den *Ravensburger-Verlag* für die Einladung!). Sigmaringen: *Soul Kitchen*. Hängende Gärten, Schloss Neufra: Familie Johannsen. Ulm: Hotel *Anker*, Café *Kutter*, Restaurant *Unter dem Kreuz*. Lauffen am Neckar: Hotel-Restaurant *Elefanten*, *Das schwäbische Wirtshaus Dächle*. Bad Wimpfen: Restaurant *Friedrich Weinstube Feyerabend*. Baiersbronn: Hotel-Restaurant *Sackmann*. Dornstetten: Restaurant *Waldgericht*.

Danke an Stefanie Stiefenhöfer vom *Museum Ravensburger*, Gabriele Loges, Eva Ehrenfeld, Carolin Diercks, Ingrid und Jochen Reis, Christian Giese, Ingrid und Karl-Heinz Kaspar, Sabine Kurtz, Manfred Kern, die Winzergenossenschaft Lauffen am Neckar, Kloster Bad Wimpfen, Martina Stoppanski, Belinda Unger, Klaus Volk, Michael und Dagmar Kopp, Juliane Lutz, Axel Gagstätter, *Haare & Kunst Lux & Team Friseure*, Dagmar Monecke, den Mitarbeitern des Silberburg-Verlags, Tibor Fischer, Stephanie und Frank van der Meyden vom Bettenhaus Schwarz in Pfalzgrafenweiler, Harald Merkt, Nico Sackmann, Daniel Fehrenbach und den jungen Köchinnen aus Baiersbronn, Martin Wacker, Nicole Stichling, Patrick Schreib und Walle Sayer. Danke an alle, deren Namen wir nicht notiert haben, die uns von einem Ort zum anderen gebracht haben. Herzlichen Dank auch an alle Zeitungen, SWR Hörfunk und Fernsehen sowie Antenne 1.